独身者の思想史

ロック・ヒューム・ベンサム

［増補版］

土屋恵一郎

新曜社

装画　村上　荀

装幀　加藤光太郎

序

一九九三年五月。私は南仏アヴィニヨンにある瀟洒な「ホテル・ヨーロッパ」の前庭で、氷の入ったシトロンを飲んでいた。その昔は、このホテルの前をナポレオンの軍隊が通ったということらしいが、そんな大きな通りではなかった。その翌年に、ヨーロッパ最大の演劇祭であるアヴィニヨン演劇祭に能の団体をつれてくるための準備で来ていたのだ。ものなれたギャルソンが作ってくれるシトロンを飲むことが、一週間あまりのアヴィニヨン滞在の習慣になった。それは、東京神保町のかよいなれた喫茶店の居心地のよさとはちがう解放感であった。外国にいて、なおかつ馴染みになった場所の自由があった。

そこに坐って、私は、もちろん翌年のここでの公演のことを考えていた。しかし、ホテル・ヨーロッパの前庭でシトロンを飲みながら考えていたのはそれだけではなかった。アヴィニヨンこそ、J・S・ミルの晩年の地であり、ミルの『自由論』発想の場所は、アヴィニヨンの法王庁の階段を降りているときであったと、ミル自身が書いている。アヴィニヨンで妻のハリエットが客死して以来、ミルはこの地に安住の場所を得た。

ミル夫妻にとってロンドンにいることは針の筵《むしろ》の上にいるようなものであった。妻のハリエット・

テーラーは、ミルの友人であったロバート・テーラーの妻であった。ロバートが没した後に、ミルはハリエットと結婚した。この結婚をミルの友人たちもロンドン社会も認めなかった。スキャンダルとなったのだ。二人にとって、ロンドンは安住の場所ではなくなった。

アヴィニヨンが、二人の安住の地となった。ハリエットはそこで病を得て客死した。ミルはアヴィニヨンを離れることなく、財政上の援助も行っていた『昆虫記』のファーブルとともに、植物採集に日々を過ごした。ミルは、ベンサムの弟子といってもいいが、ベンサム周辺には、植物に縁のある人物がいる。ベンサムの弟であるサミュエルの息子、ジョージ・ベンサムである。イギリスの代表的植物学者として、植物分類学では現在までその影響をのこしている。

そのアヴィニヨンで、ミルは『自由論』の着想を得たという。『自由論』は、「他者被害の原則」と呼ばれる「自由」の原則をうちたてた。他者の精神と身体の権利を侵害しないかぎり、なにをするのも自由であるという原則である。ミルは、当時イギリスで迫害されていたモルモン教団を擁護する時にも、この原則を用いた。私は、この原則をベンサムが同性愛擁護論を書いた時のものと同じであると、本書のなかでも書いている。さらには、直接に、ミルがロンドンを離れて、アヴィニヨンにいる理由を考えれば、ミルの愛がロンドンで否定され、スキャンダルとなったことと、他者被害の原則による『自由論』とははっきりむすびついている。ベンサムの同性愛擁護論などにまったく関心を示さなかった日本のベンサムやミルの研究者には、こうした話は通じない。

思想史の仕事は、一冊のテキストのうらに、もう一枚の紙背文書を発見する作業、パリンプセストである。

ミルを、イギリス思想史の文脈ではなく、アヴィニヨンの風景のなかで考えることも可能である。本書のなかで、ロックやヒュームを、できればこれまでの文脈とは異なる風景のなかで書いてみたかった。そのためには、ジェイムズ・ビーティーやジョシア・レイノルズが必要であった。ベンサムの主著である『道徳と立法の原理序説』のなかに、隠された同性愛の言説を強調したのも、そのためであった。今まで、見えていなかったもう一枚の主著である文書を、パリンプセストの手法によって発見する。それが私の思想史の仕事である。

「独身者の思想史」というタイトルは、この異なる思想史の風景として、ここに登場する思想家たちをグルーピングする方法だった。ミルには、ハリエット・テーラーとの愛の部屋があった。ロックやヒューム、ベンサムにはこうした愛の部屋はない。そのことが、かれらの社会への視線に影響をあたえたにちがいない。個人というもののとらえ方に、家族という愛の集合はないのだ。それが面白い。ミルが、ベンサムから離れて、イギリスのロマン派に引き寄せられるのも、その違いからである。私は、ミルについて、主題的に語ることはできてないが、その準備をしている。ここでの仕事は、パリンプセストの手法としての思想史のささやかな試みを明らかにして、さらに異なる風景への誘惑に向かうことである。思想史とは、そうした誘惑にあふれた場所である。それは学問とはいわないだろう。むしろ比較のうちで重なり合う世界を発見することへの誘惑であり、官能としての読書の発見である。

旧版序

ジョン・ロックから始まってデイヴィッド・ホックニーにいたる、独身者たちの三百年間、つまりこの「近代」の社会や人間についての見方のなかに編みこまれている独身者のイメージについて語ること、それは「近代」の起源と基礎に触れることに他ならない。しかも、その独身者たちの間に、ホモ・エロティクスの感情が支配していることを見る時、「近代」をつつみこんでいる感情の濃度は計り知れないものとなる。

独身者たちの「近代」は、「家族」を中心とした、伝統的コミュニティを解体する。そこに「個人」が生まれる。自立した平等な「個人」のイメージは、「独身者」のイメージを影にして、「近代」の出発点に立っているのである。しかし、それは孤独な「個人」でも、「独身者」でもなかった。伝統的なコミュニティにかわる、新しいコミュニティが形成されてもいた。それが、「独身者」を中心とした友情のコミュニティである。もっとはっきりいえば、「ホモ・エロティクス」のコミュニティである。それが同性愛といった性のコミュニティへと進むことがない場合においても、イギリスの近代に「プラトン的エロス」の集団が登場していたことはまぎれもない事実であって、彼らは、このエロスの観念を社会システムのうちに登場させもしたのである。

ロックが十八世紀を準備して、ベンサムが二十世紀を準備した。社会契約論や功利主義の背後には、ホモ・エロティクスへの感情がうごめいている。こうした考え方が、スキャンダリズムであることはいうまでもない。思想史をスキャンダルの歴史に変えてしまうことである。私はあえてそのことを否定することなく、むしろ、積極的に肯定する。言葉がそれ自身肉体であると同様に、言葉も思想も肉体と生理によってうごく。それを無視してしまうことは、観念の透明さと引換えに、感情の濃度を失うことである。

言葉はテキストの構造のなかにあるばかりではない。その言葉を語る者たちの、感情の濃度のなかで熱をもち、色彩をもつものである。だから、ジョン・ロックの『市民政府二論』は、「父」を殺すオイディプスの影によって語られ、ホモ・エロティクスのコミュニティの言葉となる。それを、思想史の組み換えであるなどとはいわない。テキストの言葉にホモ・エロティクスの言葉を重ねて、多重な言語の織物のなかで、イギリスの近代について語るにすぎない。そこにつつましやかな独身者たちの思想史が織り上げられていくにちがいない。

独身者の思想史　増補版——ロック・ヒューム・ベンサム＊目次

第一部

二人の独身者たち——ロックとヒューム

ジョン・ロック

デイヴィッド・ヒューム

第1章　近代の起源——独身者ロックのタブラ・ラサ

「政治上」の父の死

ノーマン・O・ブラウンは現代のアメリカ文芸批評を代表する一人である。そのブラウンの著作『ラヴズ・ボディ』（Norman O. Brown, *Love's Body*, Random House, 1966, California UP. 邦訳、『ラヴズ・ボディ』宮武昭・佐々木俊三訳、みすず書房）は、ジョン・ロックをはじめ十七世紀イギリスの政治と哲学を、現代とつながる場所でまとまりのあるイメージのうちに置くには、恰好にして刺激的な書である。

ブラウンはこの『ラヴズ・ボディ』の第一章冒頭で、十七世紀イギリスに言及するさいに、ロックとフロイトにふれてこう言っている。

フロイトは先史時代のうちに十七世紀イギリスの憲政上の危機を見ているように思える。始源の父は共同体（ホルド）の〈絶対君主〉であり、女性はかれの〈所有〉のもとにある。息子たちは専制を〈打倒〉するために〈共謀〉して、ついには全てを〈平等な権利〉にもとづく〈社会契約〉に変えてしまう。この古めかしい歴史が我々に示唆を与えて、十七世紀のうちに神話の原型の再登場を発見させることになる。

十七世紀イギリス思想史と精神分析学者フロイトを結びつけるといった、一見して奇矯と思える発想にもかかわらず、ブラウンが言いたいことは、十七世紀イギリスの政治史をふりかえって見れば、はっきりと理解されるにちがいない。

十七世紀イギリスの憲政上の危機とは、いうまでもなく、ピューリタン革命のことである。一六四九年、ロンドンのホワイト・ホールの前に作られた処刑台の上で、チャールズ一世の首が落とされた。ブラウンは、この「王殺し」の野外劇のうちに「父殺し」のオイディプス神話の復活を見る。オイディプスは運命の導きによって父を殺害し母と結婚した。ピューリタン革命は王を殺し、「平等」を主張して専制を打倒した。王を殺すことは、濃密な感情がこめられている「父」を殺すことであった。近代イギリスの起源はフロイトによって示されたオイディプス・コンプレックスにある。ブラウンはそう言いたいのである。

このブラウンの発想を、ローレンス・ストーンが書いた『一五〇〇年から一八〇〇年までのイギリスにおける家族・性・結婚』(L. Stone, *The Family, Sex and Marriage in England 1500-1800*, Penguin Books, 1982. 邦訳、『家族・性・結婚の社会史――1500年－1800年のイギリス』北本正章訳、勁草書房)は、次のように裏づけている。

さらに驚くべきことは、チャールズ一世の首がその身体を離れたときの、ホワイト・ホールの前に集まった大群衆の反応である。七〇年後にでさえ、或る老婦人は子供のときにそこで聞いた大群衆があげる〈ものすさまじいうめき声〉を恐怖をもって思いおこすことができたし、或る少年は、生涯、〈かつて聞いたことのない、もう聞きたいとも思わない〉この群衆のうめき声を忘れることがなかった。公開処刑へのこの群衆の反応は、かれらが国家的規模の父殺しを目撃したという感情の反映であったことはまちがいない。かれらの〈父〉が公開の場で殺害されたのだ。（邦訳一二一頁）

十七世紀はまことに「父」の時代であった。チャールズ一世の処刑のうちに、「父」の殺害という、神話のイメージがあらわれたのはそのためである。一六〇三年エリザベス一世の没後に王位を継承したジェイムズ一世は、宮廷仮面劇を書いた詩人ベン・ジョンソンと舞台美術に才をふるった建築家イニゴ・ジョーンズといった最高の協力者を得て王権の祭儀を徹底的に追求した王であったが、その祭儀の中心は、家長としての王とその「家族」の姿であった。

かれはその治政下の最初の議会の開会演説でこう言っている。

私は夫であり、イングランドとスコットランドは私の正当な妻である。

さらに一六〇九年、ホワイト・ホールで上下両院の議員を前にした演説では、こうも言っている。

君主たちはまた、その臣民の父とも考えられる。なぜなら君主たちは、臣民の政治上の父であるからだ。最後に、君主たちは人間の身体というミクロコスモスの頭ともみなされる。

場所も同じホワイト・ホールの前で、ピューリタン革命によって息子のチャールズ一世の首が落とされることなど、かれは予想だにしなかっただろう。もちろん、チャールズ一世は革命裁判の弁論のなかで、私を殺すことによって諸侯たちは自分たちの首を斬ろうとしているのだ、と言うことを忘れなかった。

チャールズ一世が殺されたとき、ジョン・ロックは十六歳である。かれの記憶のうちには当然、この歴史的事件とそれがまきおこした社会心理上のパニックがありありと残っていたにちがいない。そして『市民政府二論』を公刊した一六九〇年、著者ロックは五十七歳になっている。今日から考えれば、それは近代市民社会の政治原則と法の原理を説いた原典ともいうべきであろう。しかし、名誉革命を迎えようとする時代に王権の神秘主義に最後のとどめを刺そうとした点で、匿名で発表されたこの書はあきらかに政治パンフレットである。さらにまた、ブラウンとストーンが描きだした十七世紀イギリスの心理的葛藤を背景にしてこの書を読むならば、『市民政府二論』は、「父」の姿を中心とした家族的国家像を追放して、政治と法のシステムを説明しようとする試みであったことが明らかになる。それは、ピューリタン革命に始まる市民社会のオイディプス的起源を完全なものにするとともに、「父殺し」のあの社会心理上の葛藤とパニックへの心理療法でもあったのだ。そして、ロックがほとんど並行して書きすすめた『市民政府二論』『人間知性論』『教育論』を読むとき、そこに見出すものも、「父」という主題をめぐってうごめいている、「父」を殺すオイディプスの影である。

社会の説話

ピーター・ラスレットは『市民政府二論』の校訂者であり、また、ロックによって論難されたロバート・フィルマーの政治論文集の校訂編集者でもある。この論文集につけられた長大な序文は総括的なフィルマー論としてはほとんど唯一のものである。ラスレットはこの二つのテキスト・クリティクをふまえて、ロバート・フィルマーの存在なしには、ロックの『市民政府二論』は書かれなかったと言う。このロックの政治論の位置づけは画期的であった。通説では、ロックによるフィルマー批判は、実は、ホッブズ批判に他ならないという解釈が大勢であった。情念の抑制を基礎にした王権による平和の戦略（ホッブズ）か、理性に立って王権を制限することによる民主政治（ロック）かという構図のなかで問題は立てられていた。しかし、フィルマーの政治論を軸にして十七世紀の政治思想を見ると、専制政治か民主政治かという対立よりも、もっと根本的な対立が見えてくる。そこでは、フィルマー再評価をかかげたラスレットの思惑よりもはるかに大きな文脈のなかで、現在の社会理論との接点を見ることとさえできる。

思想上の対立の切断線はロックとホッブズの間にではなく、ロック、ホッブズとフィルマーとの間に引かれなければならない。どうしてかというと、フィルマーを軸にして見ると、ホッブズとロックは本質的に同じ次元で統治の問題を考えているからである。つまり、ホッブズとロックはともに、自然権をもった個々人たちが作りだす自然状態、というモデルを設定したうえで、この自然状態における利害の対立を調停するシステムとして、契約を基礎にした政府を作りあげるといった発想を共有しているからである。

ホッブズとロックにおいて、国家は作られるもの、作品であり人工のものであることが、はっきりと意識されていた。むしろ、これが十七世紀の政治思想の主流である。フィルマーはこの流れに逆らうという意味では反動の政治思想家である。かれは王権を「父」の姿のうちに置きなおして、始祖アダムからの王権の系譜学を展開した。しかもフィルマーはすでに一六五三年に没していたにもかかわらず、一六七九年から一六九六年にかけて、名誉革命をめぐる苛烈な政治闘争のなかで、かれの著作は次々と復刊され、生前にはついに印刷されなかった『族父論』(現在は、京都大学学術出版会より『ロバート・フィルマー著作集』として邦訳が刊行されている)までもが、一六八〇年に第一版が、一六八五年には手稿による改訂を加えて第二版が刊行されるにいたった。ピューリタン革命の失敗後、復活した王党派のヒーローはホッブズではなくフィルマーであったのだ。

いわば「政治上」の父の復活をめざしたフィルマーに対するホッブズ、ロックとの間の切断とはどのようなものであるかは、フィルマーによるホッブズ批判を読むとよくわかる。

ホッブズとフィルマーは同年の一五八八年に生まれた同世代の人間である。フィルマーは一六五二年にロンドンで刊行された『政府の起源についての考察』というパンフレット集（『ロバート・フィルマー著作集』京都大学学術出版会、に含まれている）のなかで、ミルトン、グロティウス、フィリップ・ハントンを批判するのだが、巻頭に収められているのはホッブズ著『リヴァイアサン』への批判である。しかも全体への序文のまず冒頭でホッブズが槍玉にあげられている（私はこの本を、ロンドンのレスタースクエアー駅に近い小さな古書店で三五年ほど前に買った。革装に直した小さなパンフレットであった。この古書店には、若い装幀家が出入りしていて、昔の本の装幀づくりをしていた。老女主人がいて、一年のあいだよく出かけて本を買った。ロンドンを去る時には、なくなったご主人が使っていたという革で縁取りされたグリーンの布製のブリーフバックをもらった）。

フィルマーは、ホッブズによる自然権と自然状態という起源のモデルを否定して、大略こう言っている。もしも神がアダムのみを作り、そのあばら骨によってイヴを作ったとするならば、もしもこの二人から生殖によって人類が生みだされてきたならば、またもし神がアダムに対して、女性と子供たちへの支配権ばかりでなく全地上への支配権を与えたとするならば、アダムが生きている限りは、いかなる者もアダムからの贈与、譲渡、許可によらずしてはなにも要求できなかったし享受もできなかったであろう。そうであるなら「ホッブズ氏が自然権などというものをどうやって構想できるのか不思議でならない」。ホッブズやロックによって考えられた自然権というものがあるならば、全ての人間は始源において相互に依存することなく生きている状態を想定しなければならない。しかし「『聖書』がわれわれに教えているのは、全ての人間は一人の人間からの系譜のうちで生まれてきたことである」。こうしてアダムからイギリス国王にいたる「父」の系譜によって、権力の系譜学は完成する（もちろんロックは、『市民政府二論』第一論文で、女帝のメアリーとエリザベスはどうするのだ、ということを忘れるほど間抜けではなかったが）。

確かにこのフィルマーの議論はいかに『聖書』を背景にしているとはいえ、いささか単純すぎて、フィクションでしかないともいえる。ロックの言葉はいつもこの荒唐無稽な議論への嘲笑に向けられている。だが、始祖アダムからイギリス国王にいたる権力の系譜がフィクションであるというならば、平等な個々人たちによる社会契約によって政府が作られるという議論も、これに劣らないほどのフィクションである。社会契約もしくは原始契約のフィクションをはっきりと指摘したのは他ならないヒュームであった。現在の問題として考えたとき大事なものは、このフィクションの性格であり、この二つのフィクションによって社会が説話の文脈へと組みこまれたときの、語り手の意図である。しかもこの二つの社会の説話の中心には、いずれにも「神」というものがある。ロックの統治論は、現在の民主主義の原理を示しているものといわれる。しかし、ロックは、その原理を一つの社会の説話として作りあげたのである。このことを意識してロックの『市民政府二論』を読むとき、おそらくわれわれは、「民主主義」を支えている説話の構造を読むことになる。

ジョン・ロックによる社会の説話の出発点となる自然状態とは、人間は生まれながらにして自由で平等であり、世界は神によって人々に共有のものとして与えられているということであった。しかしこのフィクションは、フィルマーによる社会の説話の中心をかたちづくっていた、始祖アダムによる世界の占有と代々の「父」による父権的継承のフィクションを破るものでなければならなかった。そのとき、「父」を中心とする社会の説話にとってかわったものは、「兄弟」による社会の成立である。

ロックは『創世記』のヤコブとエサウの物語を参照してこういう。

ヤコブとエサウの物語を読む者は、かれらの父の死後は、どちらかが相手を支配するような権力も権威もなかったことを発見するだろう。かれらは兄弟の友情と平和のもと、兄弟の主人でも奴隷でもなく、相互に独立して生活したのだ。（一一八節）

この物語によって、ロックは、始祖アダムからイギリス国王にいたる、父権的王位継承者の独占的な支配を否定する。世界は兄弟たちによって分有された。しかも人々が利用する範囲外の土地は誰もが羊をつれて放浪することができた。なぜなら、その土地は共有されていたからである。

この兄弟の間の平等こそがロックによって語られた「平等」の原イメージである。そしてこの兄弟的な結合のうちで生きる、集団の構成員たちの同意と契約によって政府は作られ、自然状態がもたらす利害の対立を解決し所有権を安定させ、集団の安全は確実なものとなる。それは神と「理性」の前での平等であるとともに、「父」の死によってもたらされた平等であった。

ここでわれわれはすぐに、フィルマーとロックによる二つの社会の説話のなかで、「神」の位置がまったくちがうことに気がつく。フィルマーにとって「神」、は権力の歴史的生成の出発点にある。それは起源としての「神」であり、アダムに権力を与えるものである。他方、ロックにとって「神」

は、歴史的に形成された関係を解体して、平等な新しい兄弟的関係をつくりだすための、断絶の力であった。それは系譜の最初にではなく、系譜を断絶するために垂直に降り立ってくるものである。それは「旧約」的神と「新約」的神との分裂といってもいい。あるいは「系譜」による説話と「関係」による説話との分裂をそこに見てもいいのかもしれない。どちらも「神」を中心としているが、ロックの説話では「父」の死とかさなりあうイメージのなかに「神」は置かれている。

フィルマーの「反動的」な聖書学は「政治上」の「父」の復活をもくろむものである。その言葉は確かにアナクロニズムである。しかしこの社会の説話のレベルをとおしてそこで語られている世界の相違をさぐっていくと、けっして無視してすませるわけにいかないことが、現在の問題とかさなりあいながら存在することに気がつく。

フィルマーという語り手が語っているのは、社会の連続を維持している説話のレベルが何であるかということに他ならない。それは伝統といってもいいであろうし、文化といってもいい。契約による意思的結合ではなく、社会のアイデンティティの骨格となっている「系譜」と歴史が語られている。それはけっしてフィルマーによって語り尽くされてしまったものではない。イギリスの思想史のなかで、つねにカウンター・パートナーとしてあらわれてくる考えである。例えば、社会思想史家バジリー・ウィリーがエドモンド・バークを評して、「作られたものより成長したものを尊重する」と言うとき、このバークのうちには、確かに、フィルマーの影がのこっている。ピーター・ラスレットは、ロックに対するよりはおそらくはるかに強い共感をこめてフィルマーについて次のように言う。そのことのうちに、ロックの市民社会論を浮かび上がらせる補助線がある。

人間社会についての『聖書』の啓示がもたらす重大な意味は同意の性格についてであろう。社会は個々人の間の同意にもとづくものでも、実際、意識的に思考されたものにもとづくものでもなかった。

これは伝統社会の政治理論である。フィルマーが求めたのは「自然な」(natural)権威である。その「自然」は理性や野性を意味するものとしてのそれではなく、共同体の感情の「自然」と伝統的な価値につながるものとしてのそれである。

ロックの市民社会は、こうした権威の自然性を「最高権力のパラドックス」を理由にして否定してしまう。そこでは「理性」の法が優位を占めることになる。

「最高権力のパラドックス」とは何か。それは国王が最高の権力であり、国王を制約するものがどこにもない場合、国王は臣民との間に「自然状態」をつくりだしてしまうことのうちにあらわれる。つまり国王の行為を正当化するより上位の規範のないところでは、国王の行為が正当であるか否かを決定することが不可能になる。ロックはこう言う。

この権力が正しく行使されたかどうかを誰が判断するのか。(中略)人民はこの場合、地上に裁判をする者をもっていないすべての場合にそうであるように、天(Heaven)に訴える以外に、救済の道をもたない。

(『市民政府論』鵜飼信成訳、岩波文庫)

天に訴える、ということは、自ら決定することに等しい。ロックは、一切の実定法に先行し、優越する理性の法によって、こうも言うことができた。つまり、地上に訴えるべきところがないときには、人類共通の権利として、人民はその訴えを天に向かってする正当な理由があるかどうかを自ら判断する権利を有している。

ピューリタン革命のとき、ロンドン市内を行進した水平派《レベラーズ》の示威行進は、近代における大衆の最初の登場を示すものである。ロックの政治の言説は、最高権力が必然的におちいるパラドックスの裂け目から大衆の意思を理性の光として示すものであった。それは、フィルマーが魔女裁判傍聴記のなかで、そこに集まった群衆のマス・ヒステリーを批判して、イギリスの魔女裁判にはいかなる客観性も証拠もないと言い、また『族父論』で、専制政治よりも大衆政治の方が歴史上、はるかに残虐であったと言うこととの対極にある。

フィルマーによる社会の説話の構成要素は、歴史と系譜、文化的価値、そして意思によるのでない、自然な結合であった。そこに「父」という家長の姿があらわれていた。しかし、ホッブズにとってもロックにとっても、社会はこうした系譜と自然の結合とが切断されたレベルで、生命と所有を保障し確定するために、「兄弟」たちの契約によって作られた知的な構築物である。父殺しのオイディプスが登場し、社会の説話からは歴史も関係の自然性も消滅する。確かに、ロックが労働を根拠にした個人の所有権を承認したとき、個人は伝統的共同体の内部にではなく、自分自身の活動そのもののうちに、その存在の根拠をもったことはまちがいない。そこで人間は初めて「個人」についての現実的で具体的なイメージをもつことができた。ロックが『聖書』の世界に発見する人間の自由というものも、共同体の制約から脱けだし新しい関係を作りだしていくことに他ならない。アブラハムは羊をつれてどこにでも行き、どこにでも住むことができ、また移動していく。彼は世界市民である。そして、「労働」と「兄弟」的結合による社会理論は、レイモンド・ウィリアムズが『長い革命』（一九六五年）のなかで言っているように、現代の労働運動の組織原理にまでおよぶ近代の社会関係の母型ともなった。だが、それは伝統社会の説話を解体することによって可能となったものである。そのことの結果はロック自身がというよりも、この現代そのものが切実に知ったことであると言えるにちがいない。

タブラ・ラサのオイディプス的起源

ノーマン・ブラウンが言ったように、ロックの社会は「父なく、母なく、系譜もない」兄弟たちの社会である。「家族」は政治支配のメタファーとしては排除されるべきものであった。そして「家族」のうちではこんどは「国家」のメタファーが消滅する。「家族」と「国家」は相互にメタファーを交換しあっているからである。父権的国家とは最高権威から家族にいたるまで、「父」のメタファーが循環して支配を完全なものとする機構である。ロックはこのメタファーの循環をそっくり消滅させようとする。そこで政治の言説の主体であったオイディプスが、『人間知性論』と『教育論』のなかでは、人間のこころについての言説の主体となって登場する。

かれの『人間知性論』のなかで、人間のこころは、その出生のときにおいて、両親であれ歴史であれ、あるいは「神」との間にであれ、連続した関係を断たれた、「系譜」なき「白紙の状態」、タブラ・ラサのうちにおかれる。

いつ人間は観念を持ち始めるのかと尋ねられるとしたら、初めて感覚するときというのが真の答えだ、と私は思う。

（『人間知性論』大槻春彦訳、中央公論社）

このロックのこころについての言説は、子供のうちに出生前から備わっているとされる生得的観念を否定する。人間は感覚のうちを生き始めることによって自分の根拠と世界を作っていくものである。ロックと同様に生得的観念を否定する心理学者のジャン・ピアジェが、言語学者ノーム・チョムスキーとの公開論争で提起した子供のイメージは、このロックの哲学的言説の無味乾燥を美しく補っている（*Language and Learning: The Debate Between Jean Piaget and Noam Chomsky*, Routledge and Kegan Paul, 1980）。ピアジェはこう言う。

子供が前へ動くとき、動くことによってかれの後で生ずる風が、かれをさらに前へ押し出す。

ロックにとっても、「子供」は自分が動くことによってまきおこる風にのって前進していく、力そのものである。神の手が子供を押し出すのではない。ロックが家庭教師として、子供のうちに発見した「自然」とはこの子供自身の力である。野獣性と傲慢。身体の自然な動きと活力。教育は理性の監視によって、この野獣性を正しい作法へとみちびき、身体の自然性をのばしていくものと考えられた。ロックの紳士の理想がそこにある。そうすると、子供は自分のうちに内在していた「神」の範型へといたるために生きるのでもなく、あるいはその範型のあらわれとして生きるのでもなく、市民社会が用意している市民の範型を目的として、自己形成を遂行していくものとなる。このことは、やはりピアジェが遺伝子学の決定論に激しく反論した、次の言葉と対応している。

行動の本質は明らかに、つねに自分自身を超えていくことである。自動調節機能にとどまることなく、新しい構造へと向かう自動組織化にいたることである。（中略）心理学において自動調節機能とは、遺伝子の構造によってあらかじめ決定された状態にもどることではなく、つねに〈超えていく〉ことであるのだから。（前掲書）

（このピアジェの言葉は、「遺伝子決定論」への論駁以上のナイーヴな意味がある。人の人生は出生や家庭、階級、性別等々、無数の要素によって枠（フレーム）が作られている。それは否定することができない。しかし、生きることは、いつもこの枠を逸脱して、先行して待ち受けるハードルを超えていくことである。いつも、自分自身の枠を超えていくことなしに、異なる世界に入っていくことも、新しい自分を発見することもできない。ピアジェの言葉は「超えて生きよ」というナイーヴな励ましなのだ。）

この「遺伝子の構造」はロックにとってみれば「神」であった。ピアジェは、もちろん、ロックの注釈をしているのではない。だが、ピアジェがここで言っていることほど、ロックのタブラ・ラサ問題と教育の問題をはっきりと説明しているものはない。子供は「系譜」から断絶され、「神」による原型への回帰や成熟への道をとることなく、拡大する市民社会とともに、つねに自分自身を「超えていく」運動そのものとなる。

こうして「教育」が市民社会の理想をかたちづくるものとなって、社会の中心に位置づけられたとき、同時代人たちによるロックへの批判は、ロックにおける生得的観念の否定と「教育」が無神論の結果であることに向けられた。

タブラ・ラサ論争の詳細な同時代史的分析は、ジョン・W・ヨルトンの『ジョン・ロックと観念の途』(John W. Yolton, *John Locke and The Way of Ideas*, Oxford UP, 1956)に、これ以上は望めないほどの洗練をもって書かれている。以下は、ヨルトンが示しているウィリアム・シャーロックによる同時代人からの批判の言葉である。

次のように教えることほど、言語道断な宗教に対する反対というものはない。つまり、神や善悪についての共通の本来的な印象や観念なしに人類が造られていると教えることである。なぜなら、もしわれわれが神や善悪についてもつ全ての知識はわれわれ自身によって作られたとするならば、無神論は安易にこう結論するであろう。それはただ教育の結果である、と。

この批判に対して、ロックは「子供」と「習俗」に依拠して、「神」の原型的世界を否定する。もしも「神」についての生得的観念が誰にも備わっているならば、なぜ「神」の姿が民族と文化によってちがうのか。そもそもどうして無神論などというものが可能なのか。子供の「神」の観念はいったいいつ頃からできあがり、しかもそれが親や教育する者の偏見や歪んだイメージの影響をいかに強く受けていることか。道徳の原理も生得的なものではない。生まれながらのものであるとするならば、どうしてこんなにも対立する多くの原理があるのか。不正義の集団のうちにも「正義」や「契約を守る」義務は存在している。

「神」も道徳もここでは内在的なあるいは自然な根拠というものを奪われている。ロックは「神」の存在も道徳の根拠も「論理」によって説明可能であるとは考えたが、生得的で自然であることは否定したのである。

しかしこの問題を「無神論論争」としてとりあげてみても、そこからロックの「タブラ・ラサ」がもっている破壊的な意味をうまくいいえたことにはならないだろう。むしろ、市民社会とそこで生きる人間が観念連合によって次々と経験の世界を拡大させ、自分自身を超えていく運動体そのものとなるとき、「タブラ・ラサ」がその運動体の白紙の起源となり動力となっていることに、ロックの現代的意義がある。

ジャン・スタロビンスキーにいわせれば、この「感覚の多様化と思考の増殖」のうちで「存在感情」を確かめることができるとするロックの哲学と生のスタイルが、「十八世紀がわれわれに繰りひろげてみせるすべてのはてしない活動のスタイル」のもとになったものである。つねにはてしなく未来を見つめて世界を拡大していく十八世紀の運動は、「生得的観念」を信じることができなくなった人間の「空虚」への恐れである（スタロビンスキー『自由の創出』小西嘉幸訳、白水社）。この「空虚」への恐れを、われわれは、タブラ・ラサのオイディプス的起源ということもできる。市民社会が資本主義によってその拡大の極限に達した現在から振りかえってみると、その出発としての一七世紀イギリスが、政治と精神の領域のうちに父を殺すオイディプス的言説の主体を遍在させていることに気づくのだ。

ロックは生涯の独身者である。「父」となることを拒絶して生きる独身者ロックの眼から見た世界は、父と母と子といったオイディプス的秩序をもはや構成することのない、個々人の結合体としてあらわれる。人間の思考の領域も感覚の多様体としてある。たとえそれが「空虚」への恐れに発しているものであるとしても、独身者ロックの理想的人間像は、自分の経験世界を拡大しつづけ自分自身をつねに超えていく、活動の主体としての人間である。そこに、自立した個人の普遍性が示される。ロックの哲学と社会理論は、危機の理論であり破壊の理論である。確かにそれは伝統社会の文化と価値を根本的に破壊してしまうものであった。だがそれが近代の資本主義への出発点であったことは、ロック以上に現代がはっきりと知ったことである。

第2章　独身者の熱烈な友情

ジョン・ロックの「友情」

六十歳になってジョン・ロックは、アイルランドに住むウィリアム・モリヌーズと文通を始めた。モリヌーズの登場は、いつ出会うことができるとも知れない相手との、熱烈な友情の開始であった。その時、モリヌーズはダブリンにいて、三十六歳。ダブリン大学から選出されてアイルランド議会にその席をもっていた。妻は幼い男の子をのこして既に亡い。

モリヌーズとの友情は、一六九二年に公刊されたモリヌーズの『新光線屈折学』を契機とした。その序文でモリヌーズはこう書いたのである。

われわれは、哲学のこの部分（つまり論理学）でのさらなる偉大な進歩において、他の誰でもない比類なきロック氏に負っている。ロック氏はその『人間知性論』において、広く認められてきた誤りを正し、経験と観察に基づいて、知識の遂行へと人間の心を向かわせるために（それこそもっぱら論理学が可能にする)、古代の全ての書におけるよりも、さらに深い真理をもたらしたのである。

ロックはこの称賛の言葉に敏感に反応した。しかもそれは単なる称賛への儀礼的な反応ではなかった。人々が注目してやまない当代一級の思想家にしては、いささか軽率ともいえる、友情への誘惑である。

あなたは私に大きな友情をさしだされた。私がそれを無視することなどありえないことをあなたは御存知だ。

ロックは「友情」に敏感な男であった。称賛はたんなる思想への共感ではなく、そこに既に、友情への道が用意されているのだ。「経験と観察」の哲学への賛辞であっても、まるで、大学で出会った学生同士のようにして、年若い男の崇拝者に、ロックは必ず友情を発見してしまうのである。友情には友情をもって応える。それがロックの返礼であった。

一六九四年九月三日の手紙で、ロックは冒頭に先ずこう書いている。

もし友情をそういっていいのならば、この取引で私は大いに儲けてしまった。あなたがこの友情の取引のうちに発見する満足がどんなものであれ、私の方がはるかにそれ以上の満足を得ていることを見るにちがいない。価値を認めてそれを得るために私が努力する唯一のものは、才気にあふれた尊敬すべき者との友情であった。

こう書く時、ロックの記憶のなかに、国王反対派としてオランダ亡命中、彼を中心として結成されていた、「ランターン・クラブ」のことがよみがえっていたことだろう。だから、ここでの「友情」には、男だけで構成されたクラブの友情というものが、濃厚な色彩として浮かび上がっているのだ。

だが、モリヌーズとの友情は、モリヌーズの健康状態がいつもおもわしくないために、ロックにとっては苛立ちのつのるものとなってくる。モリヌーズはアイルランドのダブリンにいて、ロンドンに出てくることができない。事実、二人が出会ったのは、一六九八年の七月が最初であったが、これがまた最後の出会いとなった。文通が始まってから、六年目のことであった。ロックの再会への期待も虚しく、ダブリンへ帰国直後のモリヌーズの死去によって二人の友情は幕を閉じるのだ。

海を渡ってイギリスへの来訪を熱望したのはロックの方である。そして、モリヌーズはこの懇願を受けてロンドンに旅行し、おそらくその疲労が直接の原因となって死んでしまうのだ。ロックにしてみれば、あまりにもドラマチックなモリヌーズの死である。彼は後悔にさいなまれたことだろう。懇願がいかに熱烈なものであったかは、ロックだけが知っていることであった。

モリヌーズには、これ以前、一六九四年にロックのもとを訪れる計画があった。しかし、やはりモリヌーズの健康がすぐれないために中止になっている。この計画の断念を残念に思う手紙をロックは書いている。

私は長い間あなたと会うことを激しく望んできた。あなたとの隔てるもののない対話のうちに無上の満足を得たいと願ってきた。しかも去年の夏、私に会うためにイギリスに来るというあなたからの知らせは、願いが満たされる期待で私を夢中にさせた。同時に、私が願う最高の幸福の一つを、危険なまでに高い代価を払って追求してはならないとも思えたのです。

もしも、海を越えてイギリスにやってくる旅の途中に、なにか不測の事態がおきたならばと考えると、とても私はあなたがイギリスにやってくることに賛成できない、そうロックはモリヌーズに訴えるのである。しかし、そう書きながらも、彼の誘惑はけっしてやまないのだ。

理性と自由な精神をもち、真理以外のなにものにも結びつかない者はきわめて希有な存在です。だから、私はこうした友を価値あるものとするのです。しかし、それにさらに友情が加わり、出会った場所で自由な対話へとはいり、一緒にいることができる時、これに匹敵する喜びがいったい他にあるでしょうか。

これほどの誘惑の言葉はない。モリヌーズの病弱な状態に危惧をあらわしておきながら、しかも、もしなにかあったならば、大きな後悔を覚えるであろうとさえ言っている手紙のなかで、ロックはモリヌーズをイギリスへと引き寄せようとしている。

ロックはこう続ける。

私が抱きしめたいといつも熱望しつづけてきた人と会うことができる、その幸福な日を激しく願わずにはいられない。とはいっても、その人の親切のおかげであたえられる贈り物もあるけれども、私が望まずにはいられないことは、ただその人を私の腕のうちに抱く幸運だけである。

「抱きしめたい」の原文は、'longed to have in my embraces'である。「私の腕のうちに抱く」は、'throw him into my arms'である。この英語は、けっして単なる儀礼的な表現とは言い難い。事実、この言葉はロック晩年の手紙のなかで、モリヌーズ宛てのほかには、彼が死の時まで最高の友情を捧げていた、アントニー・コリンズへの手紙を除いては出てこない言葉なのだ。

この英語をどう解釈するかは、それを読む視点で異なってくるだろう。ごく普通に友情の表現とすることもできるかもしれない。だが、興味をそそるのは、この英文が示している性的な複数の意味である。つまり、英語としてもこの言葉は、男と女の関係の言葉として読むことが可能であるからだ。いずれも、男女の性的関係をレトリカルに表現する言葉である。もちろん、急いで断わっておかなければならないが、これをもってロックが同性愛者であると言うのではない。ロックにそうした具体的かつ現実的な同性愛の関係があったとは思えない。だが、このモリヌーズへの手紙には、あきらかに、同性同士の関係のなかでの、プラトン的愛の視点が示されている。真理への愛と男性同士の友情、しかも老人の哲学者と若い称賛者との関係である。

モリヌーズとすぐ後に触れる手紙の受け手アントニー・コリンズに共通する点が一つある。それは二人とも妻を若くして亡くしていることである。その後二人とも、残された子供とともに独身である。ロックの存在は、妻の死によって生まれた両方の家庭の空白を埋めるものであった。

モリヌーズはこの残された子供の教育について、ロックに相談している。そして、ロックに教育論の出版を要望する。モリヌーズがロックにあたえた影響で意義があるのは、『人間知性論』第二版の出版を決意させ、教育論の出版を促したことである。もっとも教育問題は、ロックとモリヌーズとの関係のなかにだけあらわれるわけではない。そもそもロックの名高い教育論は、ロックの称賛者の一人である、クラーク夫妻の子供についての手紙から構成されている。彼のサークルのなかで、ロックは称賛者たちの子供の教育アドバイザーとして立っていたと言ってもいい。

家庭のなかでの子供との関係を媒介にして、モリヌーズとロックは、父と子ともう一人の「父」という関係を構成することになる。そして、この二人の「父」同士は、熱烈な友情によって結ばれている。そこには、虚構の「家族」の姿がある。その虚構の「家族」のなかでは、もはや男女の役割分担というものはない。男性同士の真理と人間観察の共有によって、子供は導かれていくのである。

既に触れたように、ロックの人間観には、神によって刻印された精神というものはない。人間は「白紙」の状態で生まれてきて、感覚の導きと市民社会のマナーによって教育されていくのである。ロックはこの子供の前に、父との間に熱烈な友情をかわすもう一人の「父」として登場し、教育のシステムを作り上げていく。それは、称賛者たちが夫婦である場合でも同じであった。その夫婦の間に、ロックはもう一人の「父」となって介入するからである。女子の場合には、夫婦の娘を、小さな私の「妻」とさえ呼んでいる。教育する哲学者として、ロックは自身では男女の関係も家族も子供ももつことなく、かれの前に登場する称賛者たちのなかにはいりこんで、そこに寄生してしまうのだ。

こうしてモリヌーズはロックを称賛し、子供を媒介者にして、ロックとの関係を強くすることになる。しかし、ロックにとってのモリヌーズは、腕のなかに抱く存在であったのだ。誘惑はついに一六九八年に功を奏する。そして、モリヌーズはロックの危惧のとおり、ダブリンに帰国直後この世を去るのである。

ロックはおそらく動転したことであろう。その原因を自分のうちに見てしまったことだろう。ロックにしてみれば、これは話が逆であったのだ。ロックはモリヌーズ宛ての手紙でこう書いていたからである。

一六九五年の手紙である。

私の衰えていく健康状態は、私が長くこの世にとどまることを約束してくれない。私がこの世を去る前に一度は会って語り合いたいと熱望するただ一人の人が、あなたである。

ロックは引き延ばされた出会いが、どんな危険な状態をモリヌーズにもたらすことになるかを予

ジョン・ロックの署名入り肖像（シルヴェスター・ブルーノワー作）

感しながら、その願望から逃れることはできなかった。「あなたの手のなかに」そして「私の腕のなかに」、そうロックはその後も訴えつづけるのだ。一方、モリヌーズからロックに宛てた手紙には、まったくこうした表現が見られない。ロックは一方的に「友情」のレトリックに熱狂しているのだ。そしてモリヌーズは、ロックへの称賛者の枠に謙虚にとどまっている。ただ、健康への危惧を犯して、ロックと会うためにイギリスへと向かい、帰国直後没することで、モリヌーズはロックとの熱烈な友情の証としたのである。

「ホモ・ソーシャル」な愛

アントニー・コリンズがロックの手紙の相手として登場するのは、一七〇三年の五月三日付のものである。モリヌーズ宛ての手紙においても、ロックに尋常でない感情の昂りがあって、それが、あの『市民政府二論』や『人間知性論』を書いたロックの感情であることに興味をそそられる。コリンズへの手紙を読むと、モリヌーズとの場合より、ロックの感情と男同士の「友情」への情熱が、はるかに「同性愛」的感情へとむかっていることに気がつかないではいられない。*

* ロックは十七世紀末のオランダに亡命していたことがある。このオランダ、とりわけロックも称賛していたライデン大学を舞台にして、イギリスから留学していたラディカル・ホイッグたちが、「リベルタン」（自由人）として、十八世紀中葉に「同性愛」グループを形成していた。そのことを、一九八八年に出版された『ジャーナル・オブ・ホモセクシャリティー』誌の特集「ソドミーの追求——ルネッサンスと十八世紀ヨーロッパにおける男性同性愛」に掲載された論文で、G・S・ルソーが書いている。ルソーはイギリス十八世紀研究を専門とするカリフォルニア大学教授である。

ルソーの論文は「ロング・ブリッジのヴァンデル・タッセ夫人の家にて——初期近代ヨーロッパにおけるホモ・ソーシャルな大学クラブ」（"In the House of Madam Vander Tasse on the Long Bridge: A Homosocial University Club in Early Modern Europe"）だが、ここでの「ホモ・ソーシャル」という言葉を日本語としてどう訳したらいいのか迷う。これについてルソーがこの論文の付記で行なっている定義はこうである。

ホモ・セクシャリティー　性的交渉をふくむ全ての同性愛行為を示す言葉

ホモ・エロティック　かならずしも口や性器による性的関係をもたない同性男性へと向けられた友情

ホモ・ソーシャル　ホモ・エロティックな関係の弱い形の同性男性への友情

ルソーはこの論文の中心を、スコットランドの哲学者アンドリュー・バクスターと、イギリス十八世紀史のなかで過激な大衆煽動家として誰知らぬものもないジョン・ウィルクスとの間の同性愛に置き、さらに、フランスの唯物論者ドルバックとウィルクスとの同性愛についても触れている。バクスターとウィルクスとの関係の背後には、ライデン大学の男性だけの「ホモ・ソーシャル・クラブ」の存在がある。

ルソーは、彼ら、とりわけてバクスターとウィルクスとの間にかわされた手紙のなかに登場する、「情熱的なラヴ」「キス」「友情」という言葉が、「ベッドでの愛」へと、言葉の運動を追うようにしてつながっていくことに注目する。十八世紀初頭には、ライデンやユトレヒトで同性愛弾圧が激しくなり、数百人にのぼる処刑者を出すほどであった。まさしくオランダは、ラディカル・ホイッグの亡命地として、「リベルタン」たちの感情を昂らせる場所であったのだ。

そして、ジョン・ロックこそ、このオランダをチャールズ二世暗殺計画の容疑者を逃れた亡命の地として、ラディカル・ホイッグの聖地とした人間ではなかったか。オランダはほかでもない名誉革命を準備した場所である。ルソーがなぜジョン・ロックの「ランターン・クラブ」や、ロックとモリヌーズ、コリンズとの往復書簡について触れないのかが不思議なくらいである。

ルソーの論文は、十八世紀のホモ・ソサエティについて決定的な証拠をしめしているわけではない。レトリックを駆使して書かれたバクスターとウィルクスとの往復書簡だけを素材とし、彼らの「クラブ」のメンバー同士が後にはっきりとした同性愛の関係にあったことを状況証拠とするだけなのだから、当然である。しかし、こうした問題に証拠を求めることなどそもそも無意味なのではないか。思想史の文脈でこれをとりあげなければならない理由は、十八世紀の啓蒙思想のなかに、「プラトン的愛」の感情が濃厚に漂っていて、その「愛」のむせかえるような香りのなかで、思想と人間が生まれたことにある。ロックもその例外ではなく、むしろ、十八世紀のイギリスにおける「プラトニック・ラヴ」の輝かしい先駆者であったことはほぼまちがいないのだ。

アントニー・コリンズへの手紙は、そのことをはっきり告げている。おそらく、モリヌーズとの関係は、ルソーの定義にしたがうならば、「ホモ・ソーシャル」な関係である。しかし、コリンズとの関係は、ほとんど「ホモ・エロティクス」といってもいい。

アントニー・コリンズが生まれたのは一六七六年だから、ロックとの関係が強いものとなる一七〇三年の時点では、二十七歳である。その年にコリンズは妻を亡くしている。そしてロックはその翌年の一七〇四年十月に没する。七十二歳であった。このことを前提に考えてみれば、ロックとコリンズとの間にかわされた書簡における感情の濃度は、さらに尋常ではない気配を漂わせるだろう。七十二歳で没するまでの一年間、それはロックのはっきりとしたプラトン的愛が噴き出す一年でもあった。

一七〇三年六月二十四日のロックからコリンズに宛てた手紙がある。

私が君に手紙を書いてから、今またこうして手紙を出そうとするまで六日間しかたっていない。どうも私は君の迷惑者となってしまいそうだ。もしそうだとするならば、その責任はそれほどにも最愛の者となってしまった君自身にある。そんなにも私にとって必要不可欠の人になってしまった君にある。私はもはや世界とは、はなはだしく切り離されてしまったと思っていた。しかし、私は君がもう一度世界と結びつけてくれると感じている。なぜならば、君との友情をかためて以来、君は人生を私にとって以前よりさらに価値あるものとしてくれたからである。

ロックはこうしてはるかに年下のコリンズに、友情の手をさしのべた。それは、典型的なギリシア的愛のかたちである。老哲学者とまだ学生といっていい年齢の神学者との「友情」である。そして、手紙には、コリンズがジョン・ロックという時代の最高の哲学者の前でおそらく顔を赤らめ、遠慮がちであることへの不満も表明されている。「感謝」を求めているのではない。求めているのは「友情」なのだ。そうロックは言う。

このロックの手紙に対して、コリンズは二日後に返事を書いている。

私があなたと同じ次元に自分を置くことがなかったのは、私のいつもの感情のあり方なのです。そして畏怖のせいです。私自身があなたから感じている、しかもけっしてそこから離れることができない、そうした感情を抱くことへの怖れです。本当に、私はあなたがあたえてくれた友情を受けてもいいのだろうかと怖れるのです。

「畏怖」。ジョン・ロックの立場とコリンズのそれには大きな隔たりがある。そこには「畏怖」があって当然である。ロックはその「畏怖」を超えてほしいというのだ。だからコリンズはこう書くのだ。

あらゆる偽装は友情と一致しません。だから申し上げます。以後、私はあなたへの尊敬を私の心からのものとして以外はしめすことをいたしません。もし、儀礼的に見えることがあったとしても、そこにはけっして儀礼の意図はないことを約束します。

ロックは、いやけっして君の真摯な感情を疑ったのではない、と言いながら、こう返事を書いた。

私の友情など価値なき役立たずのものである。しかし、私が君に与えることのできる最上のものである。そうであっても、私が満足を覚える価値と誠実さが君のうちにないのであるならば、私はけっしてその友情を贈ることはないだろう。だからどうか私が心逸《はや》らせて君の首に私の腕を絡ませ君を抱きとめることを許してほしい。そして、君は、よそよそしく社交的な距離をそのみかえりに置こうとするようなことを望んではいけないのだ。

モリヌーズとの手紙と同様にロックはコリンズとの間でも、「友情」と「愛」のレトリックを駆使している。ここにあらわれる接触のレトリックをどう解釈したらいいのだろうか。「首に腕を絡ませる」は、英語でも文字通りの表現である。「抱きとめる」と訳したのは、'holding you' である。それが単なる儀礼的な挨拶でないことは、ロック自身がこの手紙で、儀礼的で社交的な関係をまったく望んでいないことから明白である。そこにコリンズの躊躇があってはならないと、ロックは言っているのだ。

その後のロックとコリンズとの手紙の往復が、『ジョン・ロック書簡集』（オクスフォード大学出版局）第八巻の大半を占めている。そこには友情の言葉だけではなく、晩年のロックの、若さへの嫉妬と老年であることの諦めが交錯している。「もし私が美しく財産もあるレディであったならば」

と書く時、そこには諧謔とはいえない、深く心のうちに発見してしまった、若い男への心の動きがある。そして、ロックはこのコリンズとの友情を長く楽しむことなく、一七〇四年の十月に没する。死を悟ったロックはコリンズに別れの手紙を書いている。

君はさらに長く生きよ、幸福に。健康と自由と満足と、そして神慮が君に与え君の徳が君にふさわしきものとした祝福を享受して。私が生ある時、君は私を愛してくれた。そして今死なんとする時、君は私の記憶を心に留めてくれる。この人生が瞬く間に過ぎていく虚栄の場所であり、ただ良く生きたという思いと、来世への望み以外に確かな満足を得ることはできない。これが経験のもとに言うことができることであり、そのことを考えるようになった時、君が発見することである。アデュー、心から。

ジョン・ロック

この手紙は八月二十三日に書かれ、ロックの死後にコリンズに手渡された。文字通りの遺書である。この手紙は『書簡集』の最後にあり、その後にロックの正式の遺書が置かれている。「アデュー」と書かれたロックの最後の手紙は、年若い従兄弟のピーター・キングにも送られている。しかし、コリンズへの手紙は結局生前にはコリンズに渡されることなく、死後に渡された。その理由はわからない。

独身者ヒュームの成熟

ロックの著作はほとんどが晩年に集中している。書くことはロックにとって人生の結果であった。しかしヒュームにとっては、書くことが人生の出発である。にもかかわらず、ヒューム二十七歳の著作『人性論』を読んで感じられるものは、ロックに比較してのヒュームの成熟である。

ロックは「新しさ」をつねに問題とした思想家である。新しい社会像、新しい人間像が問題であった。タブラ・ラサは単なる認識論のモデルなのではなく、人間と社会を伝統的な説話の文脈から切りはなしてしまうための思考装置であった。そこでは、この文脈から切断された新しい人間を創造するための「教育」が社会の中心となっていた。

しかもタブラ・ラサの背後には、「政治上」の父の死がある。ロックの言説はこの「父」の欠如へと向けられていた。

ヒュームにはこうした「新しさ」への情熱がない。ヒュームのうちに成熟した文体と知性を見ることができるとするならば、かれが「新しさ」を求めて理念的に世界について語るということを最初から考慮の外に置いてしまっているからである。むしろ、『人性論』から始まるヒュームの著作活動を一貫して支えていたものは、精神の惰性への関心と信頼である。「歴史」はこの精神の惰性が刻印されたものである。ヒュームの著作中、もっとも成功した『英国史』のみならず、『人性論』においても、「歴史」は哲学の実験場であり、いつでも歴史を参照するようにと読者に求めている。ロックにはこの「歴史」の観念がない。『聖書』からの引用をふまえ、フィクションによって構成された「説話」の観念はあっても、「歴史」は言説からとりのぞかれてしまう。一方、ヒューム、ギボン、ロバートソンとあげていけば、十八世紀が「歴史」に関心を向けた時代であることは明らかであるのだ。

このロックとヒュームの相違は、ロックが『聖書』を引用の拠りどころとしているのに対し、ヒュームはローマ法の教義から多くの引用を行なっていることにもっともはっきりとあらわれている。ヒュームにとって問題であったものは、精神の惰性を破るものとしての「奇蹟」や「起源」の神話や「救世主」願望、終末論にまつわる「説話」ではない。日常の持続のうちで生きている人間たちの集合的精神の運動が示す自立した傾向性と普遍性である。

理念的にあるいは説話的に社会について語ることをやめて、ヒュームは歴史的に語る。そこでかれがまず否定したのは、「契約」というフィクションによって、統治の起源を説明することである。かれは『人性論』のなかで、生まれながらにして自由で平等な個々人の同意によって統治組織と主権が成立したというロックの主張は、歴史と個々の状況に照らしてみれば、けっしてどこにでも通用する議論ではないと言う。同じことをヒュームは「原始契約について」というエッセーのなかでは、はるかに断定的にこう言っている。

そもそも、そのような契約そのものは、世界のどんな時代や地方においても、歴史や経験によっては、正当化されておりません。
（『市民の国について』上、小松茂夫訳、岩波文庫）

この歴史への参照は、けっして社会契約論と自然法論が主張した統治組織の原則を否定するものではない。所有の安定、同意による所有の移転、約定の履行の三つを社会の根本に置くことにおいては、ヒュームも同じである。しかし、統治組織はこの自然法論が構想した原理を守らせるために作られたものであるとしても、この原理の一つである約定の結果として作られたものではない。こうして、統治組織への服従と忠誠の義務は約定によって、あるいは合意にもとづいて人々に課せられるものではなくなる。

ヒュームにとって、統治の目的と約定の目的とは異なる。統治組織は社会の秩序の維持と平和を目的として作られたものである。他方、約定の履行は日常生活のなかで相互の信用を維持するために求められるものである。「契約」という観念は日常生活のレベルへと世俗化される。つまり、社会を作りあるいはそこに参加するさいの、「通過儀礼」としての誓約といった聖化された意味は消えてしまう。

『ヒュームの政治哲学』(*Hume's Philosophical Politics*, Cambridge UP) と題した本のなかで、ダンカン・フォーブスは、このヒュームによる社会契約論批判の背後には、宗教批判がこめられていると言う。つまり社会契約論が聖なるものとしての契約を前提としていることへの批判をヒュームのうちに見ている。ここではフォーブスの論旨を追っていくことはできないが、フォーブスのこの視点は、ヒュームが社会契約論のパラドックスを指摘するさいの背景を的確に示してくれそうである。

ヒュームは社会契約論のパラドックスについて、ロックが最高権力のパラドックスを説明するときのようにははっきりと指摘していない。歴史的叙述のスタイルが論理的なものの展開を不明確にするからである。しかしヒュームは、社会契約が統治組織の前提になるときは、この社会契約が守られるというより先の契約が先行しなければならなくて、それは無限に溯行してしまうことを、『人性論』のなかで次のように言う。

世界のうちに約定のようなものがなかったとしても、政府はやはり全ての大規模で文明化された社会においては必要とされたであろう。そして、もし約定が約定というものにとっての固有の義務を課すだけで、政治による別個の制裁を前提としていなかったとするならば、約定がこうした社会で効果的であることはほとんど望めなかったであろう。

ここでは「約定」はあくまでも私的なものであり、統治組織の基礎づけではありえない。むしろ、統治組織なくしてはいかなる約定も意味がない。つまり強制力の背景のないところでは、約定ははっきりとした関係を結びえない。もし社会契約論が契約こそ統治組織の前提であるというとすれば、契約を絶対的なものとする、「神」的な誓約が必要となる。ヒュームの統治組織論はこのパラドックス批判を宗教批判の問題とかさねあわせながら、そのような神聖な約束に基礎を置かない統治組織の優越を根拠づけている。

では、ヒュームがいうように、統治組織が原型的「家族」とか「契約」によって成立するのではないとするならば、それは何によって作られるのか。

私は政府の最初の原型は同一社会内の人々の間の争いからではなく、異なる社会の人々の間の衝突から生ずると断言する。

つまり、異質な文化をもつ他の社会との闘争を契機にして、社会のうちに統治組織は成立することになる。「外部との闘いは必然的に内戦を生む」。闘いには生命がかかっている。その極限状況では、人々は平時には守っている規律も破り、逃走する。そこで戦争を組織する権威とその権威による強制が求められ、統治組織が生まれる。

ヒュームに従えば、社会がその内部だけを見ていればいいような発展の段階では統治組織の必要はない。相互に関係の調整をしていればいいからである。しかし外部と接触するほどの発展段階にいたったとき、そこに争いが生じ、戦争のための組織として統治組織ができあがる。

「契約」の観念から自由になったことによって、ヒュームは社会の「外部」というものを発見したことになる。つまり最高権力者であれ社会契約であれ、社会内部の閉域のうちに統治組織の起源を求めようとした者たちがつねにおちいるパラドックスから、ヒュームは自由になることができた。

だがこの統治のパラドックスから解放されたことはそれ自体として意味のあることではない。いちばん重要なことは、「外部」を契機とする統治組織の成立をヒュームがはっきりととらえたことによって、「権力」の根拠が論理的なものや「聖家族」によって支えられているのではなく、内在的に考えれば「権力」は本来的に無根拠なものであることをあからさまに示したことである。

> 確かに、いかなる国家であれその起源にさかのぼると、王族も共和政体もそのほとんどは、出発において簒奪と叛逆によって成立したものであり、元をただせばその権原も疑わしく不確実であるどころではないことを見出すであろう。時間だけがそれらの権利を確固たるものとする。つまり、時間は人々のこころに徐々に作用することによって、人々を権威に融和させ、権威を正当でリーズナブルなものと思わせるのだ。

権力は無根拠であるからといって、裸の「力」として存在しつづけるのではない。「時間」と習慣がレトリックの力を発揮し精神の惰性を生みだすことによって、権力は納得のいく権威となる。「権威」はそこでは理知的なものでも、「自然」なものでもない。簒奪者や征服者、あるいは「外部」との闘争のなかで選ばれた戦争指導者を、持続的で正当な権威であるかのように作り見せもするのは、社会の集合的精神である。ヒュームのいう「想像力の原理」がそこに働いている。「外部」への恐怖が人々を動かし、想像力が権力に意味を与えるのである。

ヒュームはここで想像力による権威の社会学を、あるいは、想像力による政治学を樹立したことになる。かれは権力の内在的で実体的な根拠づけを一切排除してしまうことによって逆に、「社会」を主題化することに成功したともいえる。つまりヒュームにおいて、社会とは意味の変換器である。すなわち本来的に無根拠なもの、あるいは、せいぜい利害と恐怖にしか根ざさないものを、そうではない「意味」として通用させる、変換器である。

ロックやフィルマーに限らず、権威と統治をなんらかの意味で実体的で現実的なものの上に位置づけようとするとき、権威がフィクションであることは絶対に容認できないものであった。だがヒュームは、このフィクションこそが人間の作りだした統治と権威の第一義的な特質であるとし、権威が想像力の働きによって歴史のなかで生成変化するものであることを指摘することができた。人々の集合的想像力が時間の効果によって生みだす「意味」として、「権威」は社会理論の対象に初めてなったのだともいえよう。このヒュームによる想像力の政治学の構図を前提とすれば、フィルマーの「聖家族」もロックにおける「兄弟」的結合のもとでの通過儀礼としての社会契約も、ひとしく、権力の無根拠な性格をなんらかの象徴や理念によって基礎づけようとする、社会の説話的想像力の所産であることになる。

いちばん「自然」的なものと考えられる血縁による権威の継承ですら、それ自体のうちに、権威の根拠があるのではない。人々の精神の惰性に対して、血縁による関係の結合が「自然」的なものとして説得力をもって働くのである。ただしそこにレトリックの力が働かなければ、たとえ血縁とはいえ権威の根拠とはならない。なぜならば、「血縁」ですら、そこにはレトリック力の度合があり、段階があるからだ。ヒュームは歴史的事例を参照したあとでこう言う。王の兄弟が権威の継承を競うとき、人々は王の即位後に生まれた弟こそ王位を継承すべきものと考えた。血縁と長子ということが、(フィルマーにおけるように)王位の継承者の資格となるのであるならば、弟が権力をにぎることなどありえない。だが人々の想像力にとって、問題なのは「父」の「血」ではなく「王」の「血」である。想像力が求めているのは、単なる自然な結合の象徴としての「血」ではなく、意味と価値をもった関係の象徴としての「血」である。ヒュームはこうして権威の象徴学を構想したことで、ケネス・バークによる象徴の社会学の先駆けとなった。

ヒュームの所有権論はこの想像力による社会学がもっとも洗練されたかたちであらわれたものである。

ヒュームははっきりとジョン・ロックの「労働」を根拠とする所有権の定義を意識しながら、「労働」をふくめて、所有の根拠とされるもののより根底に、想像力の働きがあると言う。

ヒュームがあげる所有権の根拠は四つある。先占、時効、添付、相続である。

「先占」が所有の根拠となるのは人々が「所有を未定にしておくことを好まない」からである。しかし、いつ占有が始まり、誰の手に帰するのかを決定する根拠は想像力以外にはない。

ヒュームによる歴史の引用がここでもかれの哲学に支持を与える。二組のギリシア植民団が新しい土地を求めて出発した。かれらはある都市が無住の土地となったことを知って、それぞれ確認のために偵察を出した。二人の偵察は確かにそれが無住の都市であることを知ると、二人とも自分の植民団のために都市を占有する意図をもって競争を始めた。競争に遅れた一方の偵察は、先を行く偵察が城門にかかる前に、城門に向かって槍を投げた。槍は城門に突き刺さった。このために、城門に手で触れた方かそれとも槍を突き刺した方かをめぐって、先占の論議が二つの植民団の間に生じた。

ヒュームはこの論議に対して「想像力以外の機能」によっては答えられないと言う。関係の結合を支えているのは想像力であり、想像力によって関係の強度が計られることで、この論議に初めて結着がつく。ヒュームはここで、社会における想像力についての決疑論《カズイスチック》によって所有権問題に答えようとしている。いかなる事情もしくは場合に、「関係」を結びつける想像力が一方の関係を優位に立つものとして決定するかのカズイスチックである。

このことは「時効」の場合も同じである。どんなに長期間持っているからといって、占有者と物との関係が変化するわけではない。変化するのは、「時間」の経過によって変化していく、社会からの評価である。人々の「感情」(sentiment)が、時間の経過ごとに、占有者と物との関係を社会的に受容されたものとするからである。

哲学者ジル・ドゥルーズには簡潔で魅力的な「ヒューム」論がある。そこで、ドゥルーズがもっとも注目しているのは、人間であれものであれ、そこで関係づけられている事象の項にとって、「関係はつねに外在的である」と、ヒュームが明言したことである(『啓蒙時代の哲学』シャトレ哲学史第四巻所収、白水社)。これまでに見てきたように、ヒュームがこの関係の外在性をはっきりと言いえたことによって、「社会」という主題があらわれた。その社会はこの外在的な関係が想像力の強度によって次々と組み変わり増殖していく場となった。そこに現代のような極度に錯綜した関係のうちを生きている社会と人間のイメージの出発を見てもけっして誤りではないだろう。

哲学によるメランコリー

ドゥルーズが着目した「関係の外在性」によって、「自我」というデカルト的閉域すら解体されてしまう。ヒュームの「観念連合」理論の徹底した解体論的発想をこのトピックははっきりと示している。ヒュームは言う。

私が自分と呼ぶもののうちに深く入りこんでいくと、いつでも、なにか個別の知覚にぶつかる。熱いとか冷たいとか、明るみとか翳りとか、愛や憎しみ、苦痛とか快楽といったものである。私はけっして自分自身をこうした知覚なしにはつかまえることができない。知覚というもののぬきには、なにものをも観察することができない。

人間はこの知覚の外に「私」というものの存在を見出すことはできない。「私」はこうして「さまざまに異なる知覚の束でありコレクションである」。それはとらえがたいほどの速度で継起し、とぎれることのない流れと運動のなかにある。そしてヒュームは、こうした「流れ」(flux)と「運動」(movement)としての「私」のこころを説明するために「劇場」のメタファーをもちだしている。

こころとは劇場のようなものである。そこでは、いくつもの知覚がつぎつぎと現われ、通りすぎ、また戻ってきて、消え去り、際限のないポーズと場面の変化のうちに入りこんでいく。

この「劇場」はけっして実体的なものとしてのそれではない、とヒュームは断わっている。舞台がありプロセニアム・アーチがあり客席があるといったものとしての劇場ではない。それはむしろ、なにもない空間である。印象と観念が想像力によって結びつけられ、姿を変え消え去りもする場である。

ここには「私」のアイデンティティを確実にするものは一切ない。つねに変化していく、知覚の束とコレクションの暫定的なまとまりを「私」と呼んでいるにすぎない。だからヒュームは、「私」とは何かという問いは哲学上の問題ではなく、文法上の問題にすぎないという。むしろそこには「私」という主語的世界が存在するというよりは、知覚の束という述語的世界が帰属する焦点として「私」と呼びうるものがあるにすぎないと言うべきだろう。

それはエゴイズムからの解放であった。トマス・リードはヒューム批判者の一人としてもっとも影響力のあった思想家だが、かれがヒュームに見たのもこのエゴイズムからの自由である。トマス・リードは『人間の知力についてのエッセー』のなかで、ヒュームにふれてこう言っている。

われわれがここまでに言及してきたエゴイストたちは、ヒューム氏によってはるかかなたに置き去りにされてしまった。エゴイストたちはかれら自身の実在には疑いをさしはさまなかったし、おそらくは神の実在も信じていた。しかしヒューム氏の体系は自我がその印象と観念の所有者であるということすら認めなかった。

ここでリードがいうエゴイストとはロック、デカルト、バークリーをさしている。ヒュームは主体すら消滅する地点にまで観念論を徹底化した。

エゴイズムからの自由は、自我の存在根拠の探求を、自我の内在性のうちで進めることを放棄させる。しかしこのことは「私」についての探求を放棄することではない。むしろ、自我論を、他者や精神の惰性が作りあげた制度といった、複数の文脈によって構成された社会のうちで考えるための準備となった。思惟する実在といった、デカルト的閉域のうちに自我の根拠を求めるのではない。そうかといって、トマス・リードのような反カルテジアンが、反省の意識を媒介としない自明性の意識のうちで、安定したアイデンティティを享受したのともちがう。ヒュームは、絶えず変化しつづける印象と観念の流れと運動のうちで、内在的なアイデンティティへの固定化と確信から逃がれてしまうものとして自我をとらえていたのである。

ドゥルーズの次の言葉は、ヒュームの全てを簡潔に言い尽くしている。

〈……である〉の内在性を接続詞の〈と〉が解体してしまう。

ヒュームの観念連合理論がもつ解体論の方向をこれほどうまく言いえた言葉はない。ものも人間も、いずれも確固としたアイデンティティの基礎、つまり内在的な根拠を、連鎖する知覚の拡大と変化によって奪われてしまう。だから吉田健一が『ヨーロッパの世紀末』で指摘するように、ヒュームの言説の中心はいつでも哲学の無力をあきらかにすることに向けられたのである。真理と、世界の内在的な根拠の探求が哲学の役割であるならば、ヒュームの言葉は哲学のそれではない。精神の惰性と想像力によって関係づけられる、感覚の多様性のうちで、社会と人間の現象を記述しようとする試みそのものである。

ヒュームは人間を内在的な根拠から切りはなし、複数の関係のうちで変化と成長をとげていくものとして、自由の領域に位置づけた。しかしそれがロックの主題であった「家族」の問題とまったく無縁であるかというと、そうとは言いきれない。むしろ、そう言いきれないところから、最近のスコットランド啓蒙主義思想の研究は新しい手掛りをつかもうとしている。

R・H・キャンベルによるアダム・スミス研究もそうであるが、とりわけてチャールズ・カミックの『経験と啓蒙主義』(Charles Camic, *Experience and Enlightment*, Chicago UP, 1983) は、十八世紀のスコットランド啓蒙主義思想家たちの家族体験を主題としてとりあげ、そのうちに無視することのできない、思想の形成史を見ようとしている。そこでカミックがもっとも強調しているのは、アダム・スミスとヒュームにおける「父」の死である。スミスとヒュームにとって、人間の自立性と普遍性への確信は「父」の死なしにはありえなかったというのである。ヒュームの父はヒュームが二歳のときに、スミスにいたってはスミスが生まれる七カ月前に死んでいる。スコットランドの伝統的な父権的家族からの自由を、この「父」の死によって、かれらは手にすることができた。

スミスにとってもヒュームにとっても、父の死は新しい世界への道をひらくものであった。

そうカミックは言っている。

ここでの「新しい世界」とは、少年期に家族のもとを離れる自由をえて、エジンバラやグラスゴーに教育を受けるために住むことである。かれらは幼くして都市生活者であった。かれらにとって「父」という中心の欠如はなんら緊張をもたらすものではなく、最初から自明のものとしてあった。それはロックにおけるように「神」によって代行されるものではなく、故郷のヴァナキュラーな文化と伝統の拘束から自由となって、都市生活者となるための契機にすぎなかった。しかもヒュームは『人性論』のなかで「都市」についての有名な定義をしている。

都市の真の母は軍営（camp）である。

人間は都市に生まれるのではない、都市は共同体が経験する外部との緊張のなかで、生命と利益を守ろうとする者たちの動機の集合体として作られる。それはさまざまな動機が錯綜するキャンプである。

こうして内在的な根拠と実体から、人間と世界が解放されて、知覚のコレクションと想像力、記憶、習慣、動機による関係へと一切が解体されたとき、確かに、人間と社会は――アルフレッド・

シュッツがいう――「過去」という時間が集積したものとしての「意味」的な存在となって、記述の対象となった。だがこのヒュームの現象学の背後には、十八世紀が経験した――センチメンタリズムの危うさと紙一重の言い方だが――都市のメランコリーがある。ここでのメランコリーとは詩的な意味でのそれではなく、はっきりとうつ病の症状をさす。

ヒュームは十八歳のときに最初のうつ病の経験をする。「人生の悲惨さ」への深刻な思考はかれの精神に不活発をもたらし、心臓の不整脈という苛立たしい心身症に悩まされる。かれはエジンバラとロンドンの医者に相談してさまざまな治療を試みたあと、結局は、活動的な生活へと踏みだすことによって、この危機を克服しようとした。それがかれのフランス行きである。ここでは『人性論』の文章のなかに、ヒュームの精神の危機が何であったかを見ることにしよう。

> 私はどこにいるのか、なんなのか。私はいかなる原因から私の存在を得て、いかなる状態へ帰るのだろうか。（中略）私はこれらすべての問題にとまどい、想像しうる限りのもっとも嘆かわしい状態に自分があり、このうえなく深い暗闇に包まれ、肢体も機能もその使用をことごとく奪い去られているように思い始める。
>
> （『人性論』土岐邦夫訳、中央公論社）

それを解決する療法は友人たちとの食事であり会話であり、遊戯であった。それが「哲学」による病いからかれを救った。思考による混乱が「私」とは何かという解決できない問いをつきつけるのであれば、会話による日常のうちでの関係こそが「私」を支えてくれる。むしろこの生き生きとした関係の喜びに身を委ねることをヒュームは決意した。

もはや、私がこれまで出会ったような恐ろしい孤独、荒涼とした道に迷い込みたくはない。

にもかかわらず、ヒュームは哲学のうちにとどまり、書きつづけた。きわめて皮肉なことに、ヒュームの危機は、ヒューム批判者たちがヒュームの「解体論」的哲学に対して向けた批判とまったく同じ内容をもっている。ジェイムズ・ビーティーやトマス・リードの批判は、人間の存在の根拠をヒュームの哲学が奪ってしまうことに向けられていたからである。だがヒュームは、この根拠の不在を人間という存在の本質であるとして、徹底した解体論と想像力による人間世界の構築に向かったのである。しかもヒュームは、自分の哲学の動機は好奇心であり野心である、と率直に言っている。その野心とは功名心であり、また「人間」を活動の全体のうちでとらえたいという学問的野望である。十八世紀は「空虚」への恐怖が活動へとかりたてる時代であったとスタロビンスキーは言った。この十八世紀のイメージがヒュームにおいて、典型的にあらわれていることになる。

もう一人、忘れてはならないうつ病患者がいる。『サミュエル・ジョンソン伝』の著者、ジェイムズ・ボズウェルである。

アラン・イングラムは『ボズウェルの創造的憂鬱』(A. Ingram, *Boswell's Creative Gloom*, Macmillan, 1982) のなかで、ボズウェルの病歴を詳細に追っている。イングラムにいわせれば、ボズウェルのうつ病は本来的な気質によるものである。しかしその気質によってボズウェルが体験したうつ状態はかなり深刻であった。自殺への衝動に何度となく襲われ、ロンドンの街中を叫んで走りまわることさえあった。世界も自分も現実感が稀薄になり、無意味なものとなる瞬間がつねにかれのうちにあらわれる。観念は混乱しまとまりのないものとなる。

全ての私の観念も原理も解体され、一つの死んだかたまりになってしまう。

ヒュームの哲学はこうしたボズウェルのメランコリーをますます悪化させるものであった。なによりもヒュームの無神論は、メランコリーの最大の治療方法である、「神」と死後の世界への信頼を失わせるものであった。世界も自我もアイデンティティの根拠を失うところでは、「空虚」(void) だけがボズウェルを支配する。

このメランコリーにボズウェルは終生悩まされた。かれがこの精神の危機のなかで自殺衝動から立ち直ることができたのは、『日記』を書き、人々の会話を写しとり、ジョンソンの生活を記述しつづけることによってであった。イングラムによれば、この書きつづけるボズウェルが見出したものは、消え去っていく世界のうちで、確実なものとして残る「第二の現実」としての言語作品である。

記録をとりつづけることによってボズウェルは、自分のポートレートを描くことができた。しかも『日記』を書くことによって、自分自身の生活の現実を組み立て、かれが体験した葛藤と矛盾をつねに再検討し、『日記』のなかで調整することさえした。だからイングラムはボズウェルの『日記』は必ずしも事実そのものではないという。

いずれにしても、ボズウェルは死の恐怖や「空虚」、そして世界の現実性の喪失を、言葉と活動によって超えていこうとしたのである。それはヒュームが会話の楽しみのうちにメランコリーの解決を求めて、活動的生活へと意志をもって入っていったことと同じである。二人のスコットランド人は、十八世紀の哲学が生みだしたメランコリーを、ひたすら活動し書くことによって超えていった。そのとき、ヒュームにおいてもボズウェルにおいても、人間と社会は内在的な根拠への結合を求める言説の対象となるのではなく、この根拠の喪失をむしろ自明の前提としたうえで、日常のなかでくりひろげられる活動と感覚の戯れのうちに「第二の現実」を構築する場所として、その言説の対象となったのである。

ところで、ボズウェルは一七七六年七月七日の日曜日、病篤いヒュームを訪ねている。ヒュームはボズウェルに「私はもうすぐ死にます」と淡々と語った。その様子は快活でさえあった。ボズウェルはどうしてもヒュームに聞きたいことがあった。死を前にして、かれが神を信じるかということであった。ボズウェルはそれを聞いた。ヒュームは信じていないとはっきりと答えた。深刻な様子もない。冗談さえ言った。その平静さが、ボズウェルの「神」への信頼をゆるがせた。ヒュームはボズウェルの訪問から約二カ月後の八月二十五日に死んだ。ボズウェルはサミュエル・ジョンソンに死の床でのヒュームの快活さと無神論の確信を伝えた。ジョンソンはボズウェルにこう言った。

ヒュームの見栄だよ。

第3章　ジェイムズ・ビーティーによるヒュームへの注釈
——幸福な独身者と不幸な妻帯者

夏のオクスフォード *1773*

ジェイムズ・ビーティーがロンドンから馬車を乗り継いで、闇の気配すら感じられない白夜のような夏のオクスフォードに着いたのは、一七七三年七月八日の夜八時半であった。妻のメアリーはロンドン北部郊外のアーノーズ・グローブに残したままで、取るものも取りあえず一人で馬車に乗ったのだ。九日に挙行される、オクスフォード大学の名誉法学博士号授与式への出席を要請されたからである。行くべきかどうかには、ためらいもあった。そもそも、ジェイムズ・ビーティーには、名誉称号ではなく正式の学位が授与されるはずであったのに、オクスフォード大学学長は、ビーティーがスコットランド長老派教会に所属し非国教会派であるとの理由によって、反対したのである。ビーティーに同情的であった教授たちはこのことに怒りを隠さなかった。名誉法学博士号授与では、ビーティーはオクスフォードにやってこないという危惧もあった。事実、そう考えた私法教授のヴァニスターは、ビーティーの到着を直前まで知らず、名誉法学博士号授与の順番を、ビーティーの記憶では、一五人中九番目か一〇番目に回してしまって、そのことを詫びたのであった。

「なにしろ、ノース首相が初めて博士号授与式に出席するので、どこも一杯なんです。でも、多分、セント・メアリー・ホールに部屋を取ることができると思います」

「君がいてくれて本当に助かった。ここでは私は、アバディーンの田舎者だ。手も足も出ないとはこういうことだ」

アバディーンでの教え子のウィリアムソンを前にして、ビーティーはやっと緊張が解けていくのを胃のあたりに感じた。そういえば、今日はまだまともに食事をしていない。朝は下院議員のウィリアム・メイン卿のデューク街の家で済ませて、遅いお昼をモンタギュー夫人（エリザベス・モンタギュー）のところで食べたきりで、そのままオクスフォードに向かったのだ。四月二十三日にアバディーンを出発して、五月七日にロンドンに到着してから、今日まで、まともな食事をしたことがない。ロンドンに来てからの毎日はとても尋常の日々ではなかった。昨日の夜、ストランド街の裏手にある食堂に坐って夕食を食べている時、ふっと気がついた。これがロンドン到着以来初めて一人でする食事だった。妻が食事の相手であるばかりではなかった。必ず誰かしらがそこにはいた。多くはモンタギュー夫人だったが、サミュエル・ジョンソンの場合もあれば、エドモンド・バークの時もあるし、国会議員やストラーンのような出版人、宮廷の人間たち、教会の司教。そしてその周辺にあまた数えきれないほどの、サロンの人間たち。食事といえば、そのお相伴を務めることだった。称賛の言葉に笑顔で応え、そつなく固い話になるのを避けながら、目を輝かせていなければならない。こわばる口許にもいつも優しい微笑みというわけだ。コベント・ガーデンとストランド街にはさまれた雑踏のなかの食堂に坐った三十七歳のこのスコットランドの詩人は、その夜、油断すればふっと一人で笑ってしまう満足を覚えながら、椅子に深く腰かけた。

今も、このベリオル・カレッジの部屋で、いずれも三十歳を前後する学生に囲まれているとはいえ、ロンドンにいる時にくらべればはるかに落ち着いていられる。ウィリアムソンを初めとして、その友人であるコクレーンやクライスト・チャーチの学生であるカーネギー卿など十人ばかりにとりまかれていても、少しも圧迫を感じないのは、やはり、教師であることになれているからだ。それに彼らの眼には、尊敬のまなざしがはっきりとあった。ロンドンの御婦人方のまなざしとはちがう、微笑みを返す必要もなく安心して受けることのできる、心地よい尊敬だ。

「パンをもう少しどうです」

「もう、結構。十分にいただきました」

コクレーンがすすめるのを断わって、ワインに手を伸ばした時に、ウィリアムソンが待ちかねたように、ビーティーに尋ねた。

「クライスト・チャーチのマーカム博士にはもうお会いになったのでしょう」

「チェスター僧正にはさきほどクライスト・チャーチでお会いした」

「どんなお話でした」。そう聞いたのは、カーネギー卿だった。

カーネギーやコクレーン、そしてここに集まっている学生たちすべての関心は、ビーティーの本のことよりも、ワインの一杯つまった頭にもっと血の気をはやらせる話題でいっぱいになっていた。チェスター僧正の職にあるマーカム博士を筆頭とするビーティー推薦者と学長との間にこの間あった軋轢は、学生たちの恰好の話題であったからだ。

「君たちが聞きたいと思っていることは大体想像がつくけれども、残念ながら、私はこの度の学長の判断は無理からぬことだと思っている。私がスコットランド人であることと、スコットランドの教会に所属していることは間違いのない事実であるのだから、非国教徒とみなされてもいたしかたない。キリスト教の擁護者であっても、非国教徒であるならば、名誉学位の申請だけが賛成を得る唯一の方策であると学長は判断したわけだ」

「先生のそのお考えは、けっしてオクスフォード全体の考えと同じものではありません。チェスター僧正もきっと私の言葉に賛成してくれると思います」

ウィリアムソンが少し興奮して言うのを眼で抑えながら、ビーティーはチェスター僧正の手紙を思い出していた。チェスター僧正や近衛第一連隊の隊付き司祭であったペッカードやベリオル・カレッジの学寮長でオクスフォードの最長老の一人であったリー博士は、ビーティーに法学博士号をあたえて、オクスフォードの公式のメンバーに加えることを考えていた。しかしその楽観的な見通しは崩れつつあった。手紙には学長が名誉法学博士号の授与の方に傾いているとあった。チェスター僧正自身、クライスト・チャーチの部屋にビーティーを迎えた時、もし法学博士号の申請がなされてさえいれば、大学評議会はその申請を受理していたに相違ないと、残念そうに呟いた。

「私には名誉博士号で十分だ。本当にそう思っている」。ビーティーは自分に言い聞かせるように、ウィリアムソンたちに答えた。

事実、ビーティーにとって、オクスフォード大学が博士号を授与することなど、今回のロンドン訪問の予定外のことであった。ビーティーの目的は、一つしかなかった。政府から年二百ポンドの年金を許可されることであった。デイヴィッド・ヒュームが神を侮辱することによってもらい、そのヒュームを論難することによって、ビーティーがもらうことになる年金である。まだ、その年金の申請は議会に提出されてもいない。名誉法学博士号の授与は、そのビーティーの目的にとって大きな効果をもたらすに違いない。それだけで十分だ。名誉法学博士号と法学博士号のちがいは、学内問題についての投票権が名誉学位にはないだけのことである。アバディーンに住んでいるビーティーにとって、それはあまり意味がなかった。

しかし、ビーティーの口をついて出た言葉は、もっと荘重なものであった。

「私の思想の正しさを、この名誉が証明してくれればそれでいいのです。懐疑的精神を超えて、神と世界への信頼を人々が取り戻すことができるのであれば、それでいいのです」

それは、道に転がっている石を蹴って、そうやってみれば、世界がそこにあることは明白であると言って、ヒュームの懐疑論を嘲弄したサミュエル・ジョンソンのやり方と同じであったが、ビーティーはもう少し尊敬を集める方法というものを心得ていたのである。

誰もが、世界の安定と生まれて死んでいくことのなかにある、大きな神の物語を信じたかったのである。ヒュームはその基盤を揺さぶった。ジェイムズ・ボズウェルは、ヒュームの本を読んで、死後の世界への不信をうえつけられそうになって、恐怖に震えた。それは、ボズウェルだけのこと

ビーティーの肖像（ジョシア・レイノルズ『真理の勝利』アバディーン大学）

ではない。今、必要なのは、人間の物語をはるか彼方の復活のドラマまでつなぎとめてくれる人間であった。ビーティーは、『吟遊詩人（ミンストレル）』によってデビューしたスコットランドのロマンチックな詩人のイメージのなかで、その役割を立派に果たしたのである。ビーティーはまさしく教会の守護者であった。

オクスフォードの夏の朝は、寝つきの悪い詩人の夜の苦しさをまったく忘れさせてくれるほどに、美しく快適であった。ビーティーは七時に眼をさました。不眠はビーティーの人生につきまとった宿痾の病であったが、昨日は、学生たちと一緒に飲んだワインの効き目もあって、阿片チンキの助けも借りることなく熟睡することができた。

チェスター僧正の部屋で、名誉法学博士号のガウンとバンドを着けてもらい、儀式の進行について説明を受けた。朝食も僧正と一緒に済まし、劇場で挙行される授与式へと出掛ける前に、神学校に赴いて、そこで、ともに名誉学位を受けるジョシア・レイノルズと出会った。

「昨日はよく眠れましたか。そういえば、先日は妹の犠牲になってしまって、お疲れでしたでしょう」

「ああ。いえそんなことは」とビーティーは口ごもったが、すぐにレイノルズの妹であるフランシスのためにモデルになった日のことかと思った。レイノルズは今やロンドン画壇の中心的人物として権威を誇っていたが、妹のことでは少し頭が痛いのだ。

「あれは私の真似ばかりをして、それも私の欠点を真似るのですよ。いやまったく困ったものだ」

ビーティーにとってそれはどうでもよかったが、いささか押しつけがましいフランシスの態度には閉口した。それさえのぞけば、ビーティー夫人のお相手になってくれるロンドンの人々のなかでは、気さくで気がおけない方だ。

「しかし、ガウンがよくお似合いです」とビーティーは言った。

「ありがとう。自分でもそうさっきから思っていた。王立アカデミーのガウンもこうしたものにしたらいいと考えていたところだった。そう思わないかい。絵描きも詩人もこうした名誉のガウンが必要だ。下手をすると、私のアトリエに来る馬鹿な貴族どもはまるで、洋服屋に仕立てをたのみに来るのと同じだと思っている奴もいるくらいだからね。職人だと思っている」

「今日もそんな連中がたくさん来ているでしょうね」

「いや、御忠告痛みいる」

レイノルズが含み笑いをしたのと、ヴァニスター教授が、ではそろそろ劇場の方に、と言ったのとが同時だった。

劇場に着くと、ウィリアムソンとクレーバーが両脇について、エスコート役になった。

「まるで結婚式の介添えだね」

「三千人の客を前にした結婚式ですよ」

ウィリアムソンの言葉はけっして誇張ではなかった。劇場の上から下まで、ぎっしりと観客が詰めかけていて、正面のロイヤル・ボックスには、オクスフォード大学学長で首相のノース卿が、太った陽気な体を窮屈そうに座席にうずめていた。ノース卿の退屈そうな顔を下から見上げていると、ロンドン到着後二週間ほどして、卿の屋敷を訪ねた時のあまり愉快とはいえない記憶がよみがえってきた。

その日は、もう朝の十時であるのに、ノース卿は疲れ切った様子で、起こされた気分の不快を多血質の容貌に漂わせてあらわれた。植民地省大臣であるダートマス卿の紹介があったことは、ノース卿も知っていたはずだった。

「ダートマス卿からお話は聞いております」

客間の長いテーブルのむこうで体を椅子に沈めて、さも大儀そうにノース卿は低く話しだした。しかし、その表情には貴族の鷹揚さがあって、ビーティーは多少圧倒された。大領主貴族の風格は、とてもアバディーンの田舎詩人が対抗できるものではなかった。

「国王陛下が私が出版いたしました本について称賛の御言葉をお与え下さったことを伺い、それはまた、私への御厚意をお示し下さる意図でもあると知って、ロンドンにまいりました」

「確かに、陛下はあなたの本をお読みになって深く感銘を受けられた。そのことは、私にも話されたから本当のことです。残念ながら私はまだ拝読していないが。しかし、エジンバラにいるあなたに具体的にどんな御厚意をお示しになるかは見通しがたっていないのです」

なんということだ。ビーティーは失望が軽く襲ってくるのを感じた。きっとそんなことだろうと思っていた。ダートマス卿との間にはっきりとした相談はまだ始まっていなかったのだ。それに、エジンバラではなく、アバディーン大学マーシャル・カレッジの道徳哲学教授ジェイムズ・ビーティーだ。

「陛下に私が現在ロンドンにおりますことをお知らせすることは可能でありましょうか」

「もしお望みであるならば、陛下に私からお伝えいたしましょう」

そう言って、ノース卿は、さあお帰りをと合図を送るようにして椅子から立ち上がったのだ。このことは、その日ビーティーが会うことになる人々のいささか予想外の反応を呼び起こし、ビーティーの内心はざわついていて、いつまでもそのことが頭のどこかに残ってしまうことになった。

ビーティーはノース卿との会談の様子を、その日のうちにモンタギュー夫人に報告した。夫人は悔しさを一杯にあらわして、ティーカップをテーブルにあらあらしく置いた。

「ノースが、なにを勿体ぶって。御心配にはおよびませんことよ。それならば、私が友人たちとともに、あなたの年金許可の運動をいたします」

アラン・ラムゼー『モンタギュー夫人』(1762年)

五十三歳になる今も、モンタギュー夫人の表情には、ロンドン文壇と社交界の中心であることの自負がたぎっていた。ブルーストッキング・レディたち（いうまでもなく、「青鞜派」の由来はモンタギュー夫人のグループから発している）の中心として、サミュエル・ジョンソンの顔色を失わしめるシェイクスピア論の著者として、ヒル街のモンタギュー邸はロバート・アダムのデザインも誇らしげに、ロンドン中にその存在を示していた。夫人はさらに、多少鷲鼻に見える高い鼻に緊張を走らせるようにして、客間の天井を飾るアダムの装飾図譜に眼を移しながら、ビーティーには意外と思えることを言ったのだ。

「それに、仮に、この運動が上首尾にいかないことになったとしても、私に財産を自由にする権利が生まれた時には、生涯にわたってあなたを援助いたしましょう。国王があなたに与えるお金に相応する価値をあなたがお持ちなように、私のお金に価する価値もあなたは持っていらっしゃるのですからね」

夫人の夫であるエドワード・モンタギューは大地主であり、炭鉱の所有者でもあって、その富は莫大なものであった。ホイッグ派の有力者として富の力を誇っていた。夫人とモンタギュー氏とは、父と娘といってもも不思議でないほどに年が離れていた。事実、モンタギュー氏は二年後の一七七五年に没して、モンタギュー夫人はその気の遠くなるような財産を自由にする時を迎えるのである。

夫人の言葉に、ビーティーは戸惑った。夫が死んだら援助をしようという申し出は、聞きようによっては、デリケートな発言である。ビーティーはただ、モンタギュー夫人の厚意に対して、なんと申し上げていいのか感謝の言葉も思いつきません、と言うしかなかった。

「先生」と、ウィリアムソンが呼びかけてくれなければ、ノース卿の顔をもっとずっと見続けていたにちがいない。

「ヴァニスター教授が歩き始めましたよ」

そうだった、いよいよ舞台へと進んで儀式が始まる。先頭には長い杖をもった男が先導に立った。その後に今日の司会者であるヴァニスター教授、その後ろに、シェルバーン卿（ウィリアム・ペティ）が続いている。彼も今日名誉法学博士号を受けるのだ。ホイッグ改革派の大物で、非国教会派を公然と擁護して国教会と国王に敵対することを恐れない。ヴァニスター教授の痩せて背の高い姿と太ったどこか野卑な感じをいだかせる体軀のシェルバーン卿とが、重なるようにして進んでいくのは、奇妙な取り合わせに見えた。しかし、オクスフォードで尊敬を集めているヴァニスター教授が、世評は良くないシェルバーンに対してさっきから丁重で親しげなそぶりをずっと示しているのは、弟のヘンリー・ヴァニスターが東インド会社の経営をめぐってシェルバーンと共通の利益を持っているからにちがいない。

ビーティーはこの劇場がまったく現在の東インド会社の権益や宗教をめぐるイギリスの利害をすべて集約していることに気がついて、その場所に今立っている自分の姿がはたしてこのきらびやかな政治の劇場のなかで、ドルリー・レイン劇場の名優ギャリックのように凛としているだろうかと、思わず誂《あつら》えたばかりの鬘《かつら》に手をやった。

去年のシェルバーンの上院における行動は、ビーティーが正式の法学博士号を授与されなかったことと密接に関係している。「寛容法」を拡張して、非国教会派の社会的権利の拡張をめざしたシェルバーンと大ピットの派閥の行動は、結局、国王と国教会との大きな反対に出会って、挫折したのだ。その権利の拡張のうちには、当然、非国教会派に対して門戸を閉ざしていた法学博士号と医学博士号授与への道も用意されていたのである。それに、シェルバーンの友人でもあるモンタギュー夫人が言ったように、シェルバーンは昨年、非国教会派の代表的人物であるジョゼフ・プリーストリー博士を自邸の図書室の司書に迎えてもいる。

「その時、シェルバーン卿がプリーストリー博士に示した条件を御存じ？　年二百五十ポンド。家族のための家を与えること。シェルバーン卿が亡くなった場合にも、生涯にわたって援助すること。また、職を離れる場合も、同じく生涯にわたって援助すること。これが条件でした。ノース卿が勿体ぶって、年二百ポンドの年金のことでぐずぐずいうことなど、どんなにおこがましいかがお分かりでしょう。シェルバーン卿が出来ることなど、やすやすと私にも出来ましてよ」

モンタギュー夫人の興奮して震える声がまだビーティーの耳に残っていた。しかし、その時、かつてシェルバーンが、ビーティーが論難したヒュームをやはり司書に迎えようとして、丁重に断わられたことをモンタギュー夫人は告げなかった。ヒュームは政府からの年金を望んだのである。

劇場の窓から降り注ぐ正午の明るい光が、幾つもの光の筋を作って、客席に坐る人々の鬘とガウンを浮かび上がらせていた。たとえレイノルズであれゲインズバラであれ、こんなにも美しい光景を描くことはできない。ビーティーの介添えの役から解放されて、劇場の壁に寄り添って立つウィリアムソンは、額の汗を拭った。舞台の中心に立ったヴァニスター教授の声がさっきから一人一人を呼び出して、その度毎に、学長のノース卿は椅子から立ち上がっては、名誉法学博士号授与の言葉を述べている。いよいよ、ビーティーの番だった。

ウィリアムソンには、ヴァニスターのラテン語による紹介の声が一段と張り上げられたように聞こえた。

「もっとも高名なる学長殿。卓越した審査官諸氏。私はここに、いと優れたる人、アバディーン大学道徳哲学教授ジェイムズ・ビーティーに名誉法学博士号を授与下さいますことをお願い致します」

ここまでは通常の紹介の言葉であった。しかし、ヴァニスター教授がさらに言葉をついだので、ウィリアムソンはおやっと思った。

「その著作と人格はあらためて称賛の言葉を必要としないほどによく知られております。氏は、詩人であり哲学者であることを幸福にも一身の内にそなえる類稀な幸運を手にしたのであります。氏はまさしくこの時代のもっともエレガントな詩人の一人と見なされております。氏の哲学者としてのそして詩人としての名声は、氏が気高くも擁護した、かの真理と同様に永遠のものとなるでありましょう」

ノース卿が立ち上がった。

「いと優れたる人。全大学の権威において、名誉法学博士号を授与する」

ウィリアムソンは、ヴァニスター教授のラテン語のオマージュが、まったく即興のものであることを知っていた。ビーティーが今日やってくるであろうことを彼はまったく予想していなかったのだ。そのことを知ったのは、授与式が始まる二、三十分前にすぎない。しかも、今日の司会役としてずっと人々にとりまかれていて、そんな準備をする時間はなかった。ヴァニスター教授のビーティーへの称賛の思いがいかに深く、正式の法学博士号を授与できなかったことへの同情がいかに強かったかを、ウィリアムソンは今さらながら知ったのである。大きな長い拍手がつづいた。それは多くの博士号受領者に送られた型通りの拍手を上回り、レイノルズへの大きな拍手にも優るものであった。

授与式はヘンデルの『戴冠式讃歌』が壮麗に響くなかでおわった。「正義」と「慈愛」と「真理」を称賛する『詩篇』の言葉が歌われているなかで、当代随一のヴァイオリニスト、ジャルディーニが指揮する姿を見ながら、ウィリアムソンは震えるような感動が背筋を走っていくのを感じた。アバディーンのグラマースクールの教壇に立っていた頃の少年の面影を残すビーティーの姿と、博士号受領者の席に坐って、ヘンデルの『戴冠式讃歌』を聴きながら、高い窓から入ってくるオクスフォードの夏の光を右の頰に受けているビーティーの姿が、ウィリアムソンには信じがたい風景の飛躍に思えた。

ああ！　どうしていえよう、
「名声」という誇り高き伽藍がはるかに輝くところへの、
険路は登り難きと。

ビーティーの評判を一挙に高めた第一詩集『吟遊詩人（ミンストレル）』の巻頭の言葉が、『戴冠式讃歌』のオルガンの序奏につづく『詩篇』の言葉に重なるようにして、ウィリアムソンには聴こえてくるように思えた。その言葉通り、ビーティーは「名声」の伽藍が立つ頂きに登った。一七七〇年に『真理の本性と不変性についてのエッセー、詭弁と懐疑論に抗して』（以下、『真理についてのエッセー』）が世に出て、一七七一年に『吟遊詩人』が五百部出版されてから、まだ数年と経ぬというのに、この人気の高さはどうしたことだ。名誉法学博士号授与式を終えたビーティーの周囲には、挨拶をしようと待ち受ける人々が詰めかけて、ビーティーが劇場を出るのは、最後になってしまった。レイノルズはビーティーと話をしようと待ち構えていたが、ついに痺れをきらして先に劇場を出ていってしまった。

崇高な自然のなかの詩人の青春を歌った詩と、ヒュームを批判してキリスト教の擁護者となった本とが、渾然一体となって、ビーティーの名声を生み出したのだ。しかし、それが、フランシス・ハチソンがグラスゴー大学に花開かせたスコットランドの哲学への反動であることは誰の眼にもあきらかなことであった。十七世紀の『聖書』の支配下にあった哲学を、人間の学問としての形而上学へと作り変えた十八世紀のスコットランドにとってみれば、『聖書』の重荷から決定的に人間の思考を解放したヒュームの哲学は、歴史がたどる必然の路であった。世界を人間との関係のなかでもう一度考え直してみること、それがハチソン以来のスコットランドの道であった。ビーティーは、その道をくつがえして、『聖書』への信頼の下に、世界を見直そうとしている。ビーティーにとって、知識は知識そのものとしてあるのではなかった。社会の安定をもたらし、人間の根拠を確立するためのものであった。道徳の名をもつものであった。ウィリアムソンはそうしたビーティーを、使命に駆り立てられている者として認めながら、名声の伽藍と人々が期待する使命にビーティーの神経がはたして耐えられるのかを不安に思った。

「ウィリアムソン。さあ行こうか」

「五時からコンサートがあります。食事はどうなさいます」

「今晩のうちにロンドンに帰りたいから、君と簡単にセント・メアリー・ホールで済ましてしまいたい」

「でも、いいんですか。招待を受けていらしたようですが」

「いいんだ。それに新しい友をもうこれ以上作るのはちょっと疲れるからね」

ウィリアムソンはアバディーンからロンドンにビーティー夫妻がやってきた理由の一つが、ビーティーの憂鬱病治療であることを今さらながら思い起こした。ウィリアムソンは、それでは馬車を探しましょうと言って、ガウンを翻して足早に先を歩いていくビーティーの後を追った。

ストロベリー・ガール

ジョシア・レイノルズは、オクスフォード大学の名誉法学博士号を授与された一七七三年に、ちょうど五十歳になっている。一七六八年に設立された王立アカデミーの初代会長となったレイノルズは、王とその対立者であったホイッグ派のエドモンド・バークやジョン・ウィルクスたちの、党派を超えた支持を得て、ロンドン芸術界の頂点に立っていた。

王が支持をあたえると予想されたのは、むしろ建築家のウィリアム・チェンバースであった。チェンバーズ自身もそう思っていた。彼はウェールズ公爵夫人の知遇を得て、キュー・ガーデンのパゴダをはじめとするデザインを委ねられていた。その時、プリンス・オブ・ウェールズに建築デザインを教えたのもチェンバースであった。そのプリンス・オブ・ウェールズがジョージ三世になったのである。ハンプトン・コートに設計室まであたえられたチェンバースに、王立アカデミーの会長職があたえられるのは当然のことに思えた。しかし、芸術家グループの支持はレイノルズにあった。チェンバースへのジェラシーもあった。レイノルズはチェンバースに較べればはるかに非政治的であり、文学的であった。会長職におさまる野心もなかった。王はこのレイノルズを支持することによって、芸術界の大勢にしたがったのである。

ビーティーが、そのレイノルズを、レスター・フィールドにあるアトリエに訪ねたのは、名誉法学博士号授与式から一カ月後の八月十六日の月曜日であった。ビーティーが残した日記には、「終日雨と曇り」と書かれている。

「昨日はあんなに晴れていたのに。今日は一日中降りそうですね」

ビーティーは一つしかない小さな窓に降りかかっている雨を見ながら言った。この広いアトリエに窓が一つしかないのは、ウィンドウ税がかかるからだ。窓の数が増えれば税金も増える。年六千ポンドを稼ぐレイノルズにしてすらそうかと、ビーティーは自分が求めている年二百ポンドの年金やそれと大同小異のアバディーン大学の年俸とひきくらべて、微笑ましくも、どこかで妬ましくもある複雑な気持ちに襲われた。

裏庭に建てられたレイノルズのアトリエは八角形になっている。天井の高さは六メートル、壁の幅は四メートル八〇センチあった。光が入ってくる窓の側に大きなイーゼルを立てて、レイノルズは立ったまま、筆を動かしている。

「退屈ではないかい」

もう二時間もアーム・チェアに坐っている。レイノルズが側に来てじっと顔を見据えたり、ぐっと離れてみたりして忙しく動き回るのを見ながら、確かにキャスターのついている椅子をさっと動かしてみたいという衝動にかられる。一週間前にレイノルズが提案した、不信心者を底無しの地獄へと叩き落とすビーティーの肖像画を今日描き始めたのである。

「いや、少しも。あなたの筆の動きを見ていると、まるでジャルディーニのヴァイオリンを弾く姿を見ているようで、まったく退屈しません」

ビーティーには、前に立てられている黒いマホガニーの枠にチッペンデール風の小枝の花模様の蒔絵をあしらった鏡をとおして、レイノルズの筆の動きを自由に見ることができた。レイノルズはデッサンもせずに、キャンバスに直接に筆を走らせて色彩を広げていくのだ。等身大の大きさで描かれていくビーティーの顔が、まったくいつも鏡のなかに映る自分の顔そのものであることにビーティーは驚嘆した。

この部屋は、テームズ南岸のキュー・ガーデンに近い、リッチモンド・ヒルに立つ質素なレイノルズの別邸にくらべれば、ずっと色彩に溢れている。リッチモンド・ヒルの別邸は三階建てで、テームズを見渡すことができたが、丘の頂上に立つ別邸のまわりには何もなく、風が吹きつけてくる。夏はともあれ冬そこを訪れるのは誰でも御免こうむりたくなる。それもチェンバースの設計になるものであった。レイノルズにとってこの別邸はただテームズを見渡すことのできるのが唯一の取り柄であった。そのためにここに建てたのだ。

ビーティーは六月にレイノルズの妹であるフランシスに伴われて、妻のメアリーとその別邸を訪ねている。馬車はレイノルズのもので、車輪は金色に縁取られ花模様が施されていた。馬車そのものにも四季をあらわす絵が描かれている。そのロココ風の馬車の華麗さとはまったく対照的に、リッチモンド・ヒルの別邸は、独身者レイノルズの崇高趣味を示しているかのように、全く装飾らしきものはなく、生活に必要なもの以外はなにもなかった。最初の計画では、大きな一階部分と二階のベッドルームだけを考えていたほどである。しかし、そこから見えるテームズの風景とロンドンの空の激しい変化の様子は、レイノルズの肖像画に見える空と雲のアイディアを与えるものとなったのだ。

眼の前にある、蒔絵に縁取られた鏡や、花鳥模様と龍が描かれたチェストといった、チェンバースが広めた流行の支那趣味に彩られた部屋にいれば、あのリッチモンド・ヒルの家のたたずまいは想像もつかない。あの時、リッチモンド・ヒルの家には、レイノルズを初めとして、エドモンド・バーク兄弟、詩人のオリヴァー・ゴールドスミスなど、七、八人の先客があった。暑さには強い風が心地良かった。ビーティーは外に出て、フランシスと一緒に坐って、ずっとテームズを眺めていた。丘の下には羊が数頭群れている。ロンドンの喧騒はそこにはない。「動かないで」というレイノルズの注文を聞きながら、レイノルズが机の上に置いている木のパレットとそのパレットの上の白い色を見ていると、あの時の快活なフランシスの言葉が、遠くの白い羊の群れが動き出すようにして、甦ってくる。


「ゴルディーは誰だって、自分より世間から評価される者を許せないのよ」

フランシスは大きな眼を笑顔のうちで細めて、ビーティーの膝を叩いて言った。ビーティーが、ゴールドスミス博士は私のことを嫌っているみたいですね、と言ったからだ。

「だって、鬘を取ってしまえば禿げていて、背も低いし、鼻も丸くて、アイルランドの農夫そのものなのに、美しい女の子が自分より注目を集めたといって怒りだすくらいよ。ボズウェルが呆れかえっていたわ。でも、兄はそんなゴルディーを自分の子供のように思っているの。おそらく、あんなゴルディーを許しているのは、兄とジョンソン博士だけじゃない？　兄がいなかったら、ゴルディーは借金で二、三回はテームズに飛び込んでいたわね。餓死していたことは間違いないわ」

まさにそうだった。だから、ゴールドスミスは、詩集『廃村』をレイノルズに捧げたのだ。本来なら兄に捧げたい。もっとも愛した兄に捧げたかった。しかし、その兄はもう死んでしまった。それに代わるのはレイノルズだけである。そう献辞をつけて捧げたのだ。

「一昨年、あなたがロンドンにいらした時に、スレール夫人がなんと言ったか御存じ？」

「いや、残念ながら」

「もし、もう一度結婚するならば、ジェイムズ・ビーティーと結婚したい。そう言ったの。スレール夫人はジョンソン博士がいわば恋焦がれている人よ。その人が皆の前でそんなことをいえば、ゴルディーがなんと思うかは想像するのも馬鹿らしいくらいに決まりきっているでしょう」

ビーティーは黙ってしまった。こういう時に洒落たことをいって当座をしのげるほどには、まだロンドンに馴れていなかったのだ。

「サミュエル・ジョンソンの支配者スレール夫人、リットルトン卿の支配者モンタギュー夫人。この二人を従えて、ジェイムズ、あなたは今にロンドン・ハーレムの主ということになるわ。ああ、もう一人忘れていた。それに加えてもしもメアリー・コークがあなたの崇拝者になったら、三人の大天使にかこまれたミューズというところね」

「レディー・コークとは先月の末にケンジントンでお会いしました」

「あら、ホーレス・ウォルポールの支配者ヴァージン・メアリーとは既に御面会済みというわけ？もうヴァージンとは言わせないけれど」

いやいや、とビーティーはフランシスを持て余して、苦笑した。

五月二十二日の土曜日に、ビーティーはモンタギュー夫人に伴われて、ケンジントンのメアリー・コーク邸を訪問した。馬車で出かけるにはうってつけの暖かで晴々とした天気だった。コーク夫人は既に夫のコーク卿と一七五三年に死別している。十九歳の時に結婚したメアリーは、アージル公爵の娘であり、かつての首相ビュートの親戚であった。そのメアリーには、ヴァージン・メアリーといういささかスキャンダラスな称号が世間から与えられた。その由来は、メアリーがこの結婚に納得できず、離婚を再三にわたって夫に懇願して訴訟沙汰にまでなったが、ついに夫の死まで離婚を認められず、その交換条件として、夫に対して、けっしてベッドを共にしないことを誓わせたからである。しかし、血統と知性と美貌は、メアリーを宮廷の実力者へと押し上げていった。誰よりもそのメアリーの美貌と知性の前にひれ伏したのは、初代首相ウォルポールの息子で、ゴシック小説家で、大量の書簡によって後世にとっての歴史家になったホーレス・ウォルポールである。女に関心があったとは思えないウォルポールが、例外として眼と心を捧げたのはメアリー・コークであった。勿論、ウォルポールをメアリーは男として認めたわけではなかった。メアリーの野心はそんなところにはなかった。オーストリア皇帝やジョージ三世の弟であるヨーク公爵ぐらいでなければ、メアリーの寝室のドアは開くことがなかった。

ケンジントンでビーティーは、そのメアリーと晩餐の席に臨んだ。スコットランド人脈に位置するメアリーとの会話はけっして不愉快ではなかった。晩餐の席に坐っていた人のなかに、フランス人とスイスの軍人がいたために、会話はすべてフランス語で進められた。メアリーの称賛の言葉は、ロンドンに来てから聞くことになった多くの称賛の言葉と同工異曲のものであった。メアリーの評判にふさわしい閃きの感じられるものではなかった。それにどこかメアリー・コークにはよそよそしい雰囲気があった。モンタギュー夫人の手前をとりつくろうような、ありきたりの対応があった。後日の再訪を求められても、それには儀礼以上のものは感じられなかった。

「それはけっしてコーク夫人がお高くとまっているというわけではなくてよ」

フランシスは、ビーティーがその日のことを話すのを遮って言葉をはさんだ。

「でも、知らなかったの？　コーク夫人がヒュームの友人であったということ」

「ええ。知らなかった」

「モンタギュー夫人がそのことを話さなかったの」

「ええ」

「多分、モンタギュー夫人はあなたをコーク夫人に会わせておきたかったのね。一応のご挨拶というわけね。王妃を除けば宮廷の女たちの最高実力者であることは間違いのない事実だし。ヒュームにはフランスという強い味方がいることを忘れては駄目よ。コーク夫人とヒュームはフランス宮廷のスターだったということよ。イギリスがフランス・ワインの輸入を禁じて、わざわざポルトガルから輸入しても、フランスとイギリスの繋がりを絶つことはできない相談よ。コーク夫人がフランス語で晩餐の会話を楽しむことを誰も止めることはできないわ。教会にいかなくたって、日曜日に仕事をしたって、ヒュームは幸福で健康でまるまる太って、コーク夫人とともにパリのスターなのよ」

ビーティーはただとりとめなく話しつづけるフランシスに、まともに何かをいう気持ちにもなれなかった。ただテームズ河の川面にきらきらと夕日が光っているのを黙って見ていた。ヒュームが『聖書』を否定しても、ヒュームが幸福であることは誰も否定することはできない。それは確かなことだ。エジンバラでヒュームは幸福なのだ。ビーティーがヒューム批判の書を刊行した時、なんと多くの人から同じことを聞かされたことか。君のいうことは正しいが、ヒュームはいい人間だ。少し彼に対して言葉がきつすぎる。ヒュームが『聖書』をまるで嘘の固まりのように言ったのはいけないことだが、ヒュームは憎めない人間だ。もう少し穏やかに言えないものかね。ビーティーの友人たちですら、そう言った。

ビーティーはヒュームに会ったことはなかった。この年から三年後の一七七六年にヒュームが没するまでにも、ビーティーは会っていない。幸福な独身者ヒュームに会うことはできなかった。孫といってもいいくらいの娘に求婚したというエピソードをのこして、フランス料理に腕をふるったヒュームの幸福な晩年に接することはなかった。ただ、瀆神の徒が胸一杯に幸福であることの理不尽さをうとましく思っただけである。

「ごめんなさい。けっしてあなたのことを悪く言っているのではないわよ」

黙りこくってしまったビーティーに気がついて、フランシスは大きな眼に力を入れて、元気をとりもどさせようとした。

「いいえ、ただ私の知らないことが、このロンドンには沢山あるのだと思って……」

「兄も日曜日に仕事をして、教会にも行かない。それだけはいけないって、いつもいうんだけれど、駄目ね、これだけは。結婚と教会だけは、兄の性に合わないらしいわ」

「でも、キリスト教を否定してはいませんよ」

「そうね。必要な時は肯定する。でも、日曜日は仕事に精を出すのよ」

フランシスは皮肉っぽく笑みを浮かべて、立ち上がった。

「家に戻りましょうよ。おなかがすいたでしょう。支度をしないと、皆が大変だわ」


「博士、少し休みましょう」

レイノルズは嗅ぎ煙草を摘みながら、イーゼルの前を離れた。酒と嗅ぎ煙草はレイノルズの日常に欠かすことのできないものであった。フリート街で買うハーダムの三七番だった。

「お茶にしましょう。オフィーが今出掛けているから、僕が支度をしてくる」

「手伝いましょうか」

「いや、僕はこういうことが好きなんだ。魚も肉も自分で買いに行かないと気がすまないんだから」

レイノルズがアトリエを出ていくと、ビーティーはひとりのこされて、手持ちぶさたに、アトリエの壁に立て掛けられている制作中の絵に眼をやった。三人の若い美しい女たちが、お互いに手を取り合うようにして並んでいる絵が一番大きなものであった。その他に少年の絵、少女の絵が、無造作に置かれていた。眼に微妙なコケットリーを漂わせて、こちらを見つめている少女たちに、普通なら少女に感じる微笑ましさがまったくみとめられなくて、大人びた雰囲気を一杯にあらわして

レイノルズ『ストロベリー・ガール』（ウォーレス美術館）

いることに、ビーティーは少し戸惑いを感じた。少年の絵には、街で見かける浮浪児と同じ、眼のなかで輝きと傲慢さとが一緒になって、しかも動物に似た孤独なおびえを背中に負った姿がある。眼は少女の方に行く。そのコケットリーがビーティーをなんとなく不安定な気持ちにさせるのだ。

「それはね」

レイノルズの声に、ビーティーはやっと息をつけるような思いがして、振り返った。

「ええ」

「それ、オフィーをモデルにして描いたんだ。苺を入れたバスケットを持たせて。ストロベリー・ガール。まあ、そんなタイトルだな」

「はあ」

「さあ、お茶」

「オフィーはあなたの姪御さんでしたね、確か。お幾つでした」

「十六歳だったかな。三年前にここにやって来た時が十三歳だから。そう、間違いない。今年からは姉のメアリーも来ているんだ。今日はお揃いでお出掛けというわけだよ」

「この少女はどう見ても、五、六歳ですね」

レイノルズは少しはにかむようだった。きちっとしたことを言おうとして身構えるふうでもあった。

「少女のなかに女性的なものすべてを感じる。僕はね、優雅さも自由も少女のなかにあるように思える。無垢なままにすでに女性であるってね。そう思う。だから、少女のオフィー、セオフィラ・パルマーは、僕にとってはオフィーなんだ。いつまでもオフィーだ。しかも、その少女のなかには、今のオフィーの姿がつつまれている。少女には、無垢と女性としての優雅さが一緒になっている」

放っておいたらいつまでもレイノルズは話しつづけそうだ。嗅ぎ煙草をしきりに鼻にもっていきながら、話しつづける。

「ペリクレスがいっているね。女性は沈黙している時が一番素晴らしい」

「トゥキディデスが引用していました」

「そう。そして、ブルーストッキング・レディたちのもっとも嫌う言葉でもある」

「たしか、キャサリン・タルボットが攻撃したのではなかったですか」

「キャサリンだけではない。僕は、彼女たちと、とりわけて、あなたを前にしてなんだが、モンタギュー夫人の晩餐会で女性方とお話をするのは楽しい。スレール夫人の家でジョンソンと話をするのもね。そこには、美しい女性もいる。でもね、僕は話をしているうちに、だんだんと彼女たちに

◀レイノルズ
『イノセンス』

▶レイノルズ
『幼いサムエル』

無関心になっていくんだ。モンタギュー夫人のところの料理も酒も、彼女の腕に輝くブレスレットもダイヤモンドのリングも素晴らしい。そこに集まっている若い女たちもいい。でも、やっぱり駄目なんだ。いざ、彼女たちを女として考えるとなると、無感動になってくる」

レイノルズの話はビーティーが予想していなかった微妙な問題に向かいそうになった。

「なぜそうなるかを考えたこともあったけれど、結局は、少女の無垢なままの率直さを感じることができなくなると、僕の心は無感動になってしまうんだ」

ビーティーはこの問題に深入りして、独身者レイノルズの知られざる姿を引き出してしまうことを恐れた。勿論、この時、後にレイノルズが少女の裸体を描いたことまでは知るよしもない。

「多分、それは詩に課せられた使命と同じかもしれませんね」

レイノルズはおやっという顔をして、ビーティーの表情を探った。

「つまり、あなたの姪御さんの現在の姿のなかに、少女のオフィーを見るということが、詩的言語の問題と同じだということです」

「うん」

「詩も自然言語です、最近評判のいい言葉でいえば。しかし、詩人はけっして歴史家や哲学者が自然言語をつかうようにして、言葉をつかうのではないのです。つまり、眼の前の自然や歴史や人間について指針を与えるために言葉をつかうのではありません。詩人は言葉の快楽を追求して、自然のなかに、実際の自然のあるがままの姿ではなく、詩的言語によって構成された自然の崇高さや美しさを発見するのです。それが、人々に喜びを与えるようにと願ってです。それは、自然のあるがままの姿のなかにかくされていた理念のようなものです。そうは思いませんか」

「多分、僕が考えていることとあなたの意見は同じだと思う。僕には絵画はまったくイタリア人たちによって描きつくされたようにさえ思える。そこには、絵画のルールがすべてあるんだ。ミケランジェロがすべてを語りつくしている。だから、時には、ヴァティカンで見た、ミケランジェロの聖母子像そのままの構図で母親と子供の姿を描いたこともあるよ。それは模写でも盗作でもない。僕にとってはね。むしろ、絵画の理念を反復していることなんだ」

「オフィーの少女の姿が女性の理念だと」

「まあね」

ビーティーは問題を思わず蒸し返してしまった。さもないと、もう一つのことに触れることになって、それは、レイノルズとオフィーとのことよりこみ入った話になるからだった。


それは、レイノルズのライバルである、宮廷画家のアラン・ラムゼーのことであった。一週間ほど前の、モンタギュー夫人邸で、夫人と二人きりの席で、夫人は古い手紙をビーティーに見せた。その時、開いていた窓から風が吹き込んできて、手紙はロバート・アダムがデザインしたブルーのカーペットの上にひらっと落ちた。

「この手紙はアラン・ラムゼーが私の肖像画を描いてくれる二年ほど前に、エジンバラからくれましたの。ヒュームと会った時のことが書いてあります。よろしかったら、ご覧になって」

ビーティーは私信を見ることにためらいがあった。しかし、モンタギュー夫人の実にブリリアントな肖像画を描いたラムゼーが、友人のヒュームと会った時のことが書いてあるのならば、読まずにはいられなかった。

「よろしいのですか」

「どうぞ。別に秘密はありません」

デイヴィッド・ヒュームとその仲間たちとの痛飲によって、私は歴史に対する眼をひらかれました。そして毎夜飲みあかす度毎に、何事についてであれ、「なぜ」と語ることより、「いかに」と語ることの方がはるかに容易であるという信念と、さらに、その方が、反省してみることであきらかなように、理性的動物以上のものである人間の姿にとってより適している、という信念に確信を持つようになりました。

一七六〇年九月十一日

「でもね。ラムゼーもヒュームも、おかしいと思うことがあります」

手紙を読み終わって、顔をおこしたビーティーの黒い瞳に眼を合わせて、モンタギュー夫人は、口許を緊張させて話しはじめた。

「ヒュームが例の『英国史』の草稿をラムゼーに見せたのです。ヒュームはそこでシェイクスピアを評価していました。ラムゼーは、その草稿を見た時、ヴォルテールの意見に従って、忠告におよんだのよ。あなたも御存じのように、ヴォルテールはシェイクスピアを古典劇のルールを逸脱しているといって批判したでしょう。私のシェイクスピア論は、このヴォルテールのシェイクスピア批判への反論でした」

「そうでした」

「もし、人間が理性的動物以上のものであるというならば、ヴォルテールのシェイクスピア批判はおかしいということになるではありませんか。人間の真実の姿を描くことよりも、古典劇の形式を大事にすることほど、理性的動物の考えそのものでなくてなんだというのです」

おそらくモンタギュー夫人自身が、ラムゼーに語ったであろう言葉が、ビーティーの同意を求めてくり返されたのだ。

「でも、ラムゼーはヴォルテールについて面白いことを言っていました。ラムゼーが訪問したさいのヴォルテールはけっして予想していたほどに貧しくはなく、取りまきに囲まれ、そのお世辞にまた喜んで耳を傾けていた。そう言っていました」

「それで、ヒュームはシェイクスピアへの評価を変更したわけですね」

「そう。フランスへの忠誠というわけね」

モンタギュー夫人はかつてパリに滞在した時、ディドロやドルバックのサークル、そして、フランスの宮廷を富の力で圧倒した。毎夜開かれる晩餐会と夫人を飾るダイヤモンドの輝き。夫人は、イギリスの誇りでフランスの社交界を圧倒したのだ。モンタギュー夫人にとって、シェイクスピアを擁護することは、そのイギリスの誇りの一つであった。

レイノルズとラムゼーの違いは、自分とヒュームとの違いに近いかもしれない。ビーティーはレイノルズによるオフィーの少女像『ストロベリー・ガール』を見ながら、ブルーのカーペットの上に落ちたラムゼーの手紙から思いがうごかなかった。ラムゼーは「なぜ」というふうに、人間と世界の根拠を問うことよりも、いかにあるのか、と問うことに意義を見出した。それはそこに現われている世界に忠実になることだ。彼のモンタギュー夫人像の輝かしい姿。ヒュームの肖像画の衣服のきらびやかな美しさ。それがラムゼーにとって、眼の前にいる人間の描き方だ。ジョージ三世がヒュームの肖像画を見ることを望み、実際に見た折に、この衣服は豪華すぎはしないかと聞いた時、

デイヴィッド・ヒューム（ラムゼー『デイヴィッド・ヒューム』スコットランド国立肖像美術館）

ラムゼーは、いいえ、けっしてそんなことはありません、王の国家においてヒュームですらこれほど豊かであることを語るものです、と口達者に言ったというではないか。ラムゼーにとってはそれで十分なのだ。そこに、絵画の理念の反復もなければ、人間の理想像への欲求もない。もし、ラムゼーがオフィーを描くのであれば、けっして少女の姿をそこに見出して安堵の思いを得ようなどとはしないだろう。ラムゼーはそんな屈折した人間の描き方は

しない。モデルの顔もシルバーの衣服も、ラムゼーにとっては同じ現象なのだ。それは、人間の理想ではなく、現実であった。

しかし、レイノルズにとって、人間はただ眼の前に坐っているモデルではない。神話のイメージやミケランジェロの理想の構図と結びついてしまう。だから、レイノルズにとって、人間はいつも英雄的なもの、理想的なものと容易に入れ代わってしまう。それは、まるで、人間そのものよりも、人間を支えている理想の方に傾いていくようだ。モデルと構図がきまれば、後は彼の関心事ではなくなる。だから、顔さえ描いてしまえば、衣服と背景を描くのは、弟子たちの仕事になるのかもしれない。ビーティーがレイノルズの前に坐るのは、今日だけである。後の予定はない。もう、顔は描いてしまった。まるで、イタリアの工房のようだ。レイノルズの作品はレイノルズ以外の者の手によって完成される。そうでなければ、年間百人におよぶ肖像画を描くことなどできない。しかし、もしレイノルズに関心があれば、衣服のドレープを描くことに欲望を感じるはずである。だがそんなことはなかった。レイノルズが自分で完成させるのは、少女と少年の像だけである。それだけがプライベートな欲望なのだ。

「だからね」レイノルズはまだ話はおわりではないことを確認するようにして、嗅ぎ煙草の箱に手を伸ばした。

「僕は結婚をしないですんだんだ。結婚は芸術の進歩を止める」

「私は結婚しています」。ビーティーは苦笑した。

「うん」レイノルズはうなずくと、「でもね」とまっすぐにビーティーを見た。

「あなたもロンドンに最初に来た時は、奥さんとの結婚を隠していた」

「いや、そんなことは……」。ビーティーは口ごもった。

「多分、ジョンソンやボズウェルたちがそう言っていることをあなたは知らないと思うから、言うんだけれど。少なくともそうした噂があることは知っていた方がいい」

レイノルズにいわれるまでもなく、ビーティーはそうした風聞が立っていることを知っていた。メアリーと一七七一年に初めてロンドンを訪れた時のことだ。ビーティーは確かに妻のメアリーのことを積極的にジョンソンに紹介しなかったかもしれなかった。なるべく一人で訪問先を訪れたかったのかもしれない。しかし、けっしてそれは長くはつづかなかった。メアリーを妻であると紹介したのだ。だが、ジョンソンはそうは思っていない。もし再婚するようなことになればビーティーとの結婚を望むと冗談めかしてスレール夫人が言ったことが、ジョンソンには微妙な感情の澱《おり》となって残っていた。

ビーティーにはそれなりの言い訳があった。エジンバラでの苦い経験がメアリーをともなうことを躊躇させたのだ。少なくとも、エジンバラには妻をともなって出掛ける場所はなかった。大学の人間たちの集まりであろうと、そのパトロンたちの集まりであろうと、そこはどこも男だけの集まりだった。あるいは独身の男たちを囲むパトロンの夫婦たちの集まりであった。メアリーをともなえば、なんと場違いなという眼があった。エジンバラでは、妻というものはパトロンをのぞけば家のなかにとどまるものであったのだ。それに、メアリーの気後れを励ましてそこに二人で行くことが憂鬱であった。ビーティーにはできても、メアリーにはロンドンの社交は手強い相手だった。それは素人に名優ギャリックの真似をしろというに等しいことであった。それがメアリーのヒステリーを引き起こすことになるのなら、ビーティーは一人で出掛けることの方を選んだ。少なくとも、美貌か知性か富が女には求められたのだ。しかも、この三つのうちどの組合わせでもいいが二つは備わっていなければならなかった。メアリーはけっして魅力に欠けているわけではないが、それに組み合わされるべきもう一つのものが欠けていた。そして、やっとビーティーが世に出ることによって、ジェイムズ・ビーティー夫人としての地位がメアリーに与えられた。その尊敬の庇護のもとでようやくメアリーはロンドンに立つことができるのだ。そのことを、ジョンソンもボズウェルも知らない。まるで、ビーティーが結婚を隠して、ロンドンの女たちの庇護をもとめたかのような言い方ではないか。

この手の話には弁解しても無駄なのだ。レイノルズの言葉をただ聞いているにしくはない。気まずいビーティーの沈黙を救ったのは、アトリエの外から聞こえた女たちの声だった。オフィーとメアリーが帰ってきたのだ。

「おっ、帰ってきた」。レイノルズは嬉しげに立ち上がった。ドアをあけると、二人の女がそこに立っていた。

「ビーティー博士だよ」

ビーティーははっと胸を突かれた。それは独身者レイノルズのアトリエにはあまりにも華やかな姉妹であった。細い首は二人とも白く輝いて、胸元のペンダントは肌の白さを際立たせていた。帽子をかぶってブルネットの髪を上げている。あらわなうなじが外の光を受けて細かい汗の粒を光らせ薄い膜をつくっていた。これが「ストロベリー・ガール」なのか。あまりにもそこにはかけはなれた姿があった。十分に女である美しい姉妹と少女のイメージとが結びっかなかった。姉妹たちに挨拶をするビーティーには、レイノルズの心の奥にあるものが霧になってこの姉妹をつつんでいくように思えた。こうして、ビーティーのレイノルズ家での夏は、オフィーとその姉メアリーのうなじの微かな官能の記憶とともに終わったのだ。

アバディーン *1796*

「先生は居間の方です」

「そうか。昨日は具合はどうだった」

「随分お酒をめしあがって。それに……」と、ビーティーの姪のグレニー夫人が疲れた眼をそのまま閉じてしまうかのように伏目がちに語りだしたことは、ウィリアム・フォーブスの心を深いところにつれていきそうになった。

「先生はまったくこの一カ月あまりのことは記憶から消えてしまったようです」

「まったくかい」

「先生とお話しになって下さい。あまりにもおかわいそうです」

グレニー夫人の声を後ろに受けて、フォーブスは居間のドアを叩いた。返事はなかった。

ドアを開けると、窓にむかってビーティーは椅子に掛けていた。背中は日毎に丸くなっていくようだ。髪は長く乱れていた。ほとんど白髪だ。椅子のひじかけを摑んでいる右手だけに、意志があるかのように、ぎゅっと力が籠っている。左手には手紙があった。

ビーティーは窓の外を見ているのではなかった。壁に掛けられているビーティーの肖像画に視線は向かっていた。いつもは絵を覆っているダーク・グリーンのカーテンが額の両脇にまとめられていて、朝の光に絵のなかのビーティーの瞳はまぶしげであった。

「先生」

「やあ、ウィリアム」

ビーティーは振り返りもせず、窓際の椅子を指さした。

「ピーター・ヘッドに湯治にお出かけではなかったのですね」

「ピーター・ヘッド。そうだな、ピーター・ヘッドならモンタギューを連れていこう」

フォーブスはぎょっとした。モンタギュー夫人にちなんでその名をつけられたビーティーの次男モンタギューは一カ月前に亡くなっているのだ。十九歳であった。結核だった。既にそれより早く、ビーティーの後継者と目されて、アバディーン大学でのビーティーの助手であった長男のジェイムズ・ヘイ・ビーティーは、肺炎で早世している。ビーティーには一人も子供はのこされていない。

「モンタギューがどこにも見えないが。どこにいるんだ。ウィリー、探してきてくれないか」。

フォーブスにはどうしていいかわからなかった。ビーティーにはもう誰も家族と呼べるものはいなくなってしまった。アバディーンの市内に住む妻のメアリーは既に精神の常態を失ってしまっている。彼女にはモンタギューの死は伝えられていない。かつてはフォーブスの家で療養していたが、今は年老いた父親のもとにいる。ビーティーとはもう何年も会っていない。ビーティーの顔を見れば、その精神は高ぶって、聞くに耐えないことを口走るからだ。ビーティーにとってもそれは耐えられないことであった。ビーティーの方が先に降伏した。アバディーンの郊外に自分だけの家をもったのだ。そこにいれば、メアリーのヒステリックな叫び声を聞かなくてすむ。ちょっとした物音にも反応して叫び声をあげるメアリーの姿を見なくてすむ。居間のドアの上に籠を挾んで、ドアを開けたビーティーが慌てるのを見ながら、高く笑ったメアリーの声を聞かなくてすむ。

メアリーの異常な行動は、一七七三年のロンドン訪問からの帰途に始まった。なにもかもがそこから狂い始めた。尋常といえない嫉妬と疑いがメアリーの精神を少しずつ壊し始めた。グラマースクールの校長の娘としてアバディーンにいれば尊敬の視線を集めていた娘が、ロンドンに敗北したのだ。「私を軽蔑している」。そう叫んだ。「私のことを好きでもないくせに」。そうも言う。メアリーの敵は、モンタギュー夫人であり、ゴードン公爵夫人であり、スレール夫人であった。勝ち目のない妄想の戦いにメアリーはぼろぼろになってしまったのだ。モンタギューの誕生はそのことに終止符を打つかと思われた。だが、そうはいかなかった。むしろ事態は悪化した。ビーティーは別居の道を選んだ。それはメアリーにしてみれば、彼女の猜疑をビーティー自身が承認したにほとんどひとしいことであった。

確かに、ゴードン公爵夫人とビーティーとの間にそうしたものがなかったといったら嘘になるだろう。スコットランドの花といわれたゴードン公爵夫人は若く、輝いていた。ビーティーがいなければ、夫との冷たい関係からも、英国史最後の内戦、一七八〇年のゴードン暴動の首謀者である義理の弟への、足元が崩れ落ちそうになるほどの心配からも、けっして救われることはなかったのだ。自分のポートレートをビーティーに送って、手元に置いておいてくださいと書いた時、ゴードン公爵夫人には、後にトーリー党の女主人といわれ、娘のキャサリンを小ピットと結婚させようとした、華やかなサロンの中心としての自負はまだない。ただ、誰もがその美しさを認める女の自信とビーティーへの思慕があるだけであった。そして、ビーティーにとっても、ゴードン公爵夫人の美貌とスコットランド随一の風景を誇るゴードン城は、ピーター・ヘッドでの湯治をのぞけば、メアリーとの確執から逃れる唯一の場所であった。

「レイノルズが亡くなってから何年たちましたか」

フォーブスはモンタギューの死に直接触れることはできなかった。ビーティーの記憶を少しずつ辿ってみよう。そう思った。

「四年くらいかな。一七九二年だったから」

「よく覚えていらっしゃいますね」

「いや、この絵が描かれてから二〇年にあと一年だと思ったんだ。確かその時」

「その前の年にロンドンにいらした時はレイノルズにお会いになったのでしたね」

「いや、あの時は……。そう体調を悪くして、予定を切り上げたものだから、レイノルズには会わずじまいだった。確か、レイノルズは手紙をくれて会いたいと言ってきた。まさか、そんなに急に亡くなるとは思ってもいなかった」

「でも、レイノルズとあなたとはよくよく考えると似ていますね」

どこが、という顔をしてビーティーはフォーブスを見た。

ウィリアム・フォーブスはビーティー没後にビーティーの手紙を管理して、三巻に及ぶビーティーの伝記を書き上げている。フォーブスがいなければ、そして、新たな手紙と資料を元に、ビーティーの伝記を書き改めたフォーブスの娘がいなければ、ビーティーの生涯は誰の眼にも触れなかったことだろう。そのフォーブスはボズウェルをはじめとするロンドン文壇のメンバーであった。むしろビーティーよりも内情については詳しかった。

「あなたもレイノルズも姪が側にいて面倒を見てくれているということです」

「メアリーのことか」

オフィーは結婚したが、姉のメアリー・パルマーはレイノルズが没するまでレイノルズの家に同居していたのである。そして、レイノルズの死とともに、その作品を相続して一挙に資産家となった。

「しかし、私の姪では資産家にはなれないね」。ビーティーは微笑んだ。

「レイノルズとメアリーとのことを取り沙汰する者もいましたけれど、あなたはどう思います」

ビーティーは笑った。まるで百年も笑わなかったかのように酒に傷んだ喉をふるわせて笑った。

「それは無理というものだ。レイノルズにとってメアリーはいつまでも幼女か家政婦のどちらかなんだ。この絵を描いてもらっている時に見た『ストロベリー・ガール』だよ。いつまでもね」

はたしてそうだったのか。フォーブスは疑っていた。結婚を申し込む者がいなかったわけではないのに、メアリーは結局レイノルズの側を離れなかった。メアリーが結婚したのはなんと七十歳の時だった。富裕な老女となってはじめて結婚したのである。

「このあなたの肖像画は、確か王立アカデミーの展覧会に出展されましたね」

「そう。翌年の一七七四年の展覧会だった」

「それはご覧になったのですか」

「残念ながらその年はロンドンに行かなかった。行ったのはその次の年だったかな。でも、モンタギュー夫人からの手紙で、その展覧会の様子はだいたいわかっていたよ。ああ、ウィリー。モンタギューがいないか、探してきてくれないか」

「ええ。後で」

フォーブスには、一七七四年のビーティーと今のビーティーとの間にある、悲しい距離をどう理解したらいいのかわからなかった。一七七四年の展覧会でのビーティーの肖像画の評判は、スキャンダルといってもいいさまざまな思いを人々の心にのこした。なぜならば、その肖像画は、ただビーティーの姿が描かれていただけではなかったからである。そこには、右手前面にオクスフォード大学名誉法学博士号受領者のガウンを着て、『真理についてのエッセー』を左手に持ったビーティーの姿が描かれ、その後ろに三人の悪魔を懲らしめる女神の姿が描かれていた。誰もがこの肖像画の持つ寓意に関心を持った。そして、誰もが、レイノルズの公式の説明に満足しなかった。「不信心」を地獄へ叩き落とす女神という説明に納得しなかった。女神に頭を押さえつけられている鼻が異常に

▶レイノルズ『オフィー・パルマー』(1776年).『ストロベリー・ガール』のモデルになってから3年後

◀晩年のビーティー

高い悪魔は、あきらかにヴォルテールに似ていた。ただ、後の二人の悪魔は誰に似ているということができなかった。しかし、人々は当然のようにそのうちの一人は、デイヴィッド・ヒュームであるとしたのである。ビーティーの最大の敵は、信仰を侮辱したヒュームであったのだから、その推測は自然であった。レイノルズ自身、そのことを肯定していた。そして、もう一人をめぐっては、クラブに集まる者たちの恰好の話題となったが、いつしか、それは『ローマ帝国衰亡史』を刊行したギボンであるということになった。だが、この推測は間違っていた。レイノルズがこの肖像画を描いた当時、このギボンの名を高からしめた本は刊行されていなかったからである。まして、ギボンとレイノルズとは友人同士であった。いくらなんでも、悪魔にギボンをなぞらえることなどできない相談であった。ビーティーの白皙で聡明な顔と悪魔との対比は、ヒュームと親交を結ぶ者たちを怒らせた。ヒューム自身、レイノルズに手紙を送って、その仕打ちをなじっていたのである。しかも、その同じ年に、ビーティーにエジンバラ大学道徳哲学教授のポストを与える話が持ち上がった。

ヒュームが住むエジンバラに、ビーティーが教授としてやってくる。それはヒュームへのあからさまな挑戦であった。そのポストにあったのは、『市民社会史』の著者として高名であったアダム・ファーガソンである。そのファーガソンがチェスタフィールド公爵につきそって、生涯年金四百ポンドの契約でチューターとしてヨーロッパに行くことになった。貴族の子弟の家庭教師兼案内役でヨーロッパ遊学につきそうのは、当時の知識人にとってもっとも収入の多い仕事であった。但し、その仕事はかなり面倒なものであった。旅行は大体数年に及んで、各地の社交界に顔を出し、留学とは名ばかりのものであった。ダンスを習い、外国語を習うことが主たる目的であった。習うといっても、恋は語学の最上の教師ということもある。その間、チューターは、旅行中の会計を預かり、社交界への案内役となり、ほとんどが出来の悪い子弟たちの引き起こす面倒をかたづけ、父親への仔細な報告書を行く先々から書き送らなければならなかった。だが、生涯年金と帰国後も与えられるさまざまな後援を考えれば、大学の教授職など投げうってもまったく悔いのない職であった。

「その年でしたね。あなたのエジンバラ行きがもちあがったのは」

ビーティーは無言でうなずいた。

「でも、どうしてエジンバラへは行かれなかったのです?」

「どうしてって、君がいちばんよく知っているじゃないか。ヒュームがいるエジンバラに、私が行ける状態であったかどうかは。そんな揉め事はたくさんだった。そう、君がくれた手紙にすら、ヒュームへの批判は彼の人格への悪質な中傷であるという非難がエジンバラに渦巻いているとあったはずだ」

「そんな手紙を書いたかもしれません」

「君でなかったかもしれないが、『真理についてのエッセー』がそもそも草稿の段階でエジンバラに出回った時だから、一七七〇年だね。その時に、既に私の手元には友人からの忠告の手紙が集まっていたんだ。あのブレアー博士ですら、ヒュームの人柄を考えれば、言葉が激しすぎると書いてきた」

ブレアー博士とは、アバディーンばかりでなく、スコットランドで名声を得た説教師であった。フォーブスも確かにそう書いた。ヒュームとも親しかったフォーブスにしてみれば、いかにビーティーの主張が正しいとしても、それは、ヒュームの誰にも好かれる人柄とはかけはなれた攻撃であると思えた。

「『ヘブリディズ周遊記』を読んだだろう」

フォーブスはビーティーの記憶が、息子のモンタギューの死をのぞけば、完璧であることがわかった。モンタギューを失った悲しみの強さが、その事実を精神の外へと排除してしまったのだ。ボズウェルの『ヘブリディズ周遊記』には、ビーティーにとっては思い出したくないことが書かれていたはずだ。それでも、ビーティーはこの本のことを話題にする。

「ボズウェルはまったく遠慮のない奴さ。一七七三年に丁度私と入れ違いになって、スコットランドにジョンソン博士と旅行して、まあ散々にスコットランドの悪口を書いて、ついでに、私のことも。なんて言ったかな」

ビーティーは思い出そうとして、言葉が出てこなかった。フォーブスはためらいながら、ビーティーの記憶の走路を辿るために、口を開いた。

「時として、激しい批判は批判された方の名声を高めることになる」

「そうだった」。ビーティーは笑った。「確かに。確かに」。二度繰り返して言った。

ビーティーは、ヒュームを批判することによって改めてヒュームの名声の高さを知ったのだ。ジョージ三世ですら、一七七三年に謁見の間で会った際に、ヒュームの宗教論はいかがかと思うが、歴史論は素晴らしいと言った。

ビーティーについてもっとも手酷い言葉を残したのは、オリヴァー・ゴールドスミスである。

ゴールドスミスはレイノルズにこう言ったのだ。

「ビーティーのことは十年もすれば皆忘れてしまう。しかし、ヴォルテールとあなたのこの作品は永遠に残る」

フォーブスはゴールドスミスの言葉が必ずしも正しくなかったことを知っている。しかし、その十年を二十年に変えてみれば、ゴールドスミスの酷評が正しくなかったとはいえない。

「あなたがジャミーとロンドンに行ったのは、確か、この肖像画が王立アカデミーで展示されてから十年後でした」

「ジャミー」はビーティーの長男、ジェイムズ・ヘイ・ビーティーの愛称だった。

「ジャミー。ジャミーは死んでしまった。私を残して死んでしまった」

フォーブスは怯んだ。ビーティーの精神がどこかへいってしまうのではないかと脅えた。

「ウィリー。神はただ奪うために私にジャミーを与えたのだ。違うかい。ただ奪うために。一七七三年のロンドンも神は奪っていった。メアリーも精神もろともに奪っていった。どうしてだ」

ビーティーは泣き出しそうだった。まるで、少年の頃からの頭痛に耐えるように白髪の頭を両手でかかえた。こんなに悲しんでいるのに、悲嘆の底でも、モンタギューの死はビーティーの記憶のなかに甦ってこないのか。

「ヒュームはどうだった。ヒュームはなにも神に求めないで生きたからなのか。神はヒュームから何も奪わなかった。奪わないどころか、生涯にわたる名声を与えた。安穏な晩年を与えた。そして、ローマ人のような平静な死さえも与えたじゃないか」

フォーブスは立ち上がって、ビーティーの手に自分の手を置いた。ビーティーはその手をふりはらいもせず、肖像画を見つめていた。

「愉快なヒューム。幸福な独身者。健康で幸運であったヒューム。そのヒュームにたった一度、数年間、陰りをつくった男が私なのだ。ただ影だけのビーティー。そうだろう。昔、メアリーが酷く興奮して言ったことがある。この肖像画にはあなたしかいません。悪魔も女神もあなたです。そう言った。確かに、ヒュームにもヴォルテールにも悪魔や神はない。ただ、自由であればよかった。無垢の若者キャンディードのような晴れやかさがあればよかった。天衣無縫。私にはそれが不安だった。なにもないものの上に立つことができなかった。きっと、それが一瞬の間、ロンドンの不安を救ったのだ。そして、その一瞬が過ぎてしまえば、また、彼らは天才の業に酔うことの方を選んだ。ヒュームとヴォルテールは永遠に残る。しかし、ビーティーのことは十年もすれば忘れる」

「先生。その言葉を御存じだったのですか」

「ゴルディーが言ったことを、お喋りのレイノルズが私に黙っていられるはずがないだろう」

ビーティーはやっと微笑んだ。

「ウィリー。ワインを持ってきてくれないか。少し、一緒に飲もう」

フォーブスはうなずいてドアに向かうと、ビーティーが低い声で呼びかけた。

「ウィリー。……私のモンタギューは死んだんだね」

一八〇三年八月十三日。ジェイムズ・ビーティーは六十七歳と十カ月で没した。最晩年は脳溢血で倒れ、歩行もままならなかった。それでも、ビーティーが姪のグレニー夫人の腕につかまって散歩する姿を、アバディーンの人々は見ることができた。グレニー夫人は後に語っている。春の訪れを知らせる暖かい晴れた朝、ビーティーがグレニー夫人の腕にすがってゆっくりと歩いていると、横を通り過ぎたマーシャル・カレッジの学生とおぼしい少年が、ビーティーの後ろ姿を見ながら、ビーティーの詩集『吟遊詩人（ミンストレル）』第二部の冒頭の行を口ずさんだ。

人よ。時に生まれ時に変わりいくこの世を恨んではならない
いつまでも嘆き悲しまないために。

第4章　レイノルズのアトリエから

中心なき肖像画

ジョシア・レイノルズが一七五七年かあるいは一七六一年に描いたとされる、『アウト・オブ・タウン・パーティー』という三人の男の肖像画は、十八世紀のイギリスを考えるために、実に興味深い作品である。

この肖像画に描かれている三人の男とは、向かって左に本を持って立っている男がジョージ・セルウィン、右でペンを持ってこちらに視線を向けているのがリチャード・エッジカム、そのペンで描かれている絵を覗きこんでいるのがギリー・ウィリアムズである。しかしながら、この三人の男の名前から、なにかしら意味あることを想起するのは、ほとんど不可能であるにちがいない。歴史の記憶からこの三人はもはや消えてしまっているからである。三人の男のイメージを浮かび上がらせるために、まず彼らの年齢から始めようか。

ジョージ・セルウィンが生まれたのは一七一九年。エッジカムは一七一六年。ウィリアムズは一七一九年である。セルウィンとエッジカムはイートン校の同窓生である。この肖像画が描かれた当時、セルウィンは下院議員であり、エッジカムは上院に議席を持っていて、枢密顧問官であった。ただし、エッジカムは一七六一年に急逝している。ウィリアムズは著名な法律家の父のもとに生まれ、ジョージ三世の忠実なる下僕としてアメリカ独立戦争時に首相であったフレデリック・ノースと姻戚関係にあった。首相ノースの影響力によって、彼は当時、間接税歳入徴収長官の位置にあった。こう書くと、彼らが、イギリス政界に確固とした地位を占めていたと思えるが、その地位は自分の能力によってではなく、いずれも父親や姻戚の政治力のおかげで獲得したものである。セルウィンにいたっては、下院にその席をもっていた約五十年の間、議席に坐っている間はほとんど眠っていたのである。だから彼の投票はただ一回をのぞいては、全く政府の提案に対する賛成の票であった。その一回というのも国王が政府の提案に反対していたというのがその理由である。

セルウィンの居眠りは彼のことをいうための決まり文句ともなった。いつも虚ろな眼で眠っているように見えた。レイノルズの肖像画のなかで、セルウィンの表情に放心の様が見てとれるのは、レイノルズがセルウィンを特徴づけるために必要とした、その記号である。ジョン・H・ジェスが編集した『ジョージ・セルウィンと同時代人たち』という四巻本の書簡集がある。この書簡集には奇妙な点がある。収められた手紙が、全てといっていいほどセルウィンに宛てて書かれたもので、セルウィンからの手紙がほとんど収録されていないのである。もちろんセルウィンが手紙を書かなかったということはない。ジェスのこうした編集の仕方は、今日となっては不便極まりないものであるが、セルウィンが立つ位置を考えれば、むしろ、この編集こそがある意味をもってしまう。だ

レイノルズ『アウト・オブ・タウン・パーティー』(1757年か1761年，ブリストル美術館）左からジョージ・セルウィン，ギリー・ウィリアムズ，リチャード・エッジカム

が、このことについては、もう少し後に振り返って考えてみよう。

この書簡集の冒頭にジェスが書き、セルウィンに宛てた手紙のなかで、ギリー・ウィリアムズも言っているように、セルウィンには一つの趣味があった。それは、罪人の処刑を見物することとである。処刑は十八世紀において見せしめのためのものであって、それを見ることはけっして不思議ではない。しかし、それを趣味にするとなると、異常である。セルウィンは処刑を見るためならば、パリにまでもただそのために出かけた。十八世紀の記録として知られる、ナサニエル・ラクソールの『同時代回顧録』は、セルウィンが、ルイ十五世暗殺を試みたダミアンの車裂きの刑を見るために一七五六年にパリに渡ったと書いている。もっとも、今日では証拠はないとされて、この事実は否定されているが。また、ホーレス・ウォルポールの証言として、セルウィンは歯を抜く時に、執行者が処刑の合図にハンカチーフを処刑台の上に落とすのを真似て、歯を抜く合図にハンカチーフを落とした、とジェスは引用している。

車裂きの刑を見るためにパリに行ったのが本当かどうかはわからないとしても、セルウィンが処刑の残忍な光景を見ることを趣味としていたのは、多くの証言からあきらかである。しかし、セルウィンがレイノルズの肖像画に描かれるほどに、当時のロンドンで著名であったのは、そのウイットによってであった。政治家としては無能の極みで、女嫌い。生涯独身であり、天性のギャンブラーであった。ただそのウイットで、セルウィンはロンドンとパリのアイドルとなっていたのだ。

セルウィンは、このレイノルズの肖像画当時、三十八歳か四十二歳である。ほかの二人ともほぼ同じ年齢である。四巻本の書簡集が成立するくらいであるから、セルウィンについての逸話に不足はない。しかし、それも奇人伝の類として伝えられているだけであって、セルウィンが、十八世紀のロンドン上流社会を語るために欠くことのできない人物であることを確認しうるだけである。残りの二人については、その手の挿話すら残されていない。彼らは歴史のメイン・ストリームを歩んだわけではない。つまり、現在の視点から見れば、このレイノルズの肖像画には中心が存在しないように思える。三人の男たちのなかに、この肖像画を意味づけるものを見出しえないのだ。中心はいったいどこにあるのか。三人の男の肖像画がこうして歴史に残り、レイノルズの作品として、度々引用されることになる理由である。

レイノルズ『アウト・オブ・タウン・パーティー』銅版画による複製

この絵には、見るものに異質さを印象づけるものがひとつある。そこだけが、強度をもっている。それが、右に坐ってペンを走らせているリチャード・エッジカムの視線であることに、誰しも気がつくだろう。その眼はこちらに、絵の外に向かっている。肖像画のなかで三人はけっして眼を合わせることはない。そしてエッジカムの視線だけがこの肖像画を見ている人間に向いているのだ。実はエッジカムはここでもうひとりの人間の姿を描いているのである。つまり、この三人の男たち以外にもうひとりここには男がいるのである。その男を見るエッジカムの眼が、肖像画を見ている人間に向かっている。

群像の肖像画で、そのなかの男の視線がまっすぐ正面に向かってくる構図は、あまり例がない。レイノルズはこの『アウト・オブ・タウン・パーティー』以外にも、『ディレッタント・ソサエティ』と題した集団肖像画を描いているが、そこでは全ての人物の視線は肖像画を見ている人間から外れている。『アウト・オブ・タウン・パーティー』には、オリジナルのレイノルズの絵以外に、銅版画の複製がある。そちらの方は、エッジカムの視線は正面に向けられず、あらぬ方へ外されている。これがおそらく集団肖像画の定型であるのだ。だから、この銅版画による複製は、レイノルズのオリジナルとはまったく異なるものとなってしまっている。オリジナルがもつ表現の強さを失っているのだ。銅版画による複製が失っているのはそれだけではないだろう。つまり、エッジカムの視線が正面から外れてしまってこの肖像画は意味を失うことになる。

それでは、三人の男以外の第四の人物とは誰なのか。ホーレス・ウォルポールである。ホーレス・ウォルポールについては、ここで一応の説明を加えなければならないのかもしれないが、それには別に一冊の本が必要だろう。一九三七年にイエール大学出版局から出版が開始された、W・S・ルイス編集の『ウォルポール書簡集』は、一九七三年までに三六冊が刊行された。三六年間に三六冊である。それも五百頁をこえる大冊がほとんどである。ウォルポールとは、まったくこの書簡の人である。手紙を書くことに情熱を燃やし、書くことそのものを目的として手紙を書いた。なかでもフローレンス駐在のイギリス大使ホーレス・マンとの往復書簡は、その白眉である。ウォルポールとマンとの往復書簡を読むことは、十八世紀のロンドンとフローレンスのスキャンダルを、まるで獲物を追う猟犬の後に随うようにして、次々とそこに見ることである。いま、この猟場に踏み込むのはひかえよう。ただ、ホーレス・ウォルポールがイギリス内閣制度を創設したロバート・ウォルポールの息子であり、ジョージ三世と姻戚関係にあって、文学史上では、イギリス・ゴシック小説の出発といわれる『オトラントの城』の作者であり、そしてまた、私邸である「ストロベリー・ヒル」のゴシック風建築で、建築史に奇妙な刻印を残し、十八世紀イギリスの政界と宮廷スキャンダルについての比類ない証言者であったことを確認するにとどめよう。

レイノルズの三人の肖像画に登場しないもうひとりの男がホーレス・ウォルポールであることは、隠されているわけではない。そう明示されてはいないが、それははっきりしている。そもそも、この『アウト・オブ・タウン・パーティー』の肖像画を依頼したのは、ウォルポールであった。この「アウト・オブ・タウン・パーティー」とは、ウォルポールを中心として結ばれた友人たちの集いのことなのである。ウォルポールは一七一九年生まれで、セルウィン、エッジカムと同世代のイートン校卒業生である。セルウィンをめぐる書簡集を編集したジェスの著作のなかに『著名なイートン校卒業生のメモワール』という一八七五年に刊行された二巻本があって、内容は少し期待外れであるにしても、そのなかには十八世紀のイギリスを華やかに飾った政治家と文人がずらりと顔を並べている。ウォルポールはそのなかでも出自、才能において、格別の存在であった。

「アウト・オブ・タウン・パーティー」とは、このウォルポール、セルウィン、エッジカム、ウィリアムズの四人が、クリスマスとイースターの頃、ロンドンを離れて、「アウト・オブ・タウン」（郊外）に集ったことである。レイノルズはウォルポールの依頼で、このパーティーを描いたのである。

しかし、もしそうであるならば、この肖像画のなかには、当然ホーレス・ウォルポールが描かれていなければならない。三人のいる場所が、ウォルポールの図書室という設定であってみれば、なおさらである。だが、こうした本来の「アウト・オブ・タウン・パーティー」を構成するメンバーの構図をこの肖像画は無視している。

しかし、もう少しこの肖像画を見つめてみよう。第四番目のメンバーであるウォルポールは、エッジカムの視線が向かうところにいる。彼はただ視線の向かうところにいる存在として、ここに描かれているのである。とすればこの『アウト・オブ・タウン・パーティー』は、やはり四人のメンバーを描いていることになる。

なぜ、こうした複雑な方法によって、レイノルズは、ウォルポールをふくむ四人の「アウト・オブ・タウン・パーティー」メンバーを描いたのであろうか。そのことを解読するには、この集団の肖像画がいったいどこに飾られたのかを考えてみればいいのである。既に述べたように、この肖像画はホーレス・ウォルポールの依頼によって描かれた。そして完成後、ウォルポールの私邸である「ストロベリー・ヒル」の居間に飾られたのである。この肖像画を見る人物は、ウォルポール自身である。肖像画を前にして坐り、この絵に見入っている彼の姿を想像してみると、ことは判然としてくる。

ホーレス・ウォルポール（レイノルズ『ホーレス・ウォルポール』）

そこでは、エッジカムの視線は、ウォルポールを見返している。肖像画のなかで、エッジカムはペンを走らせてウォルポールを描いている。ウィリアムズはその絵を覗きこんでいる。本来ならば、肖像画のなかに描かれるべきウォルポールは、居間に坐ってそれを見つめながら、この肖像画のなかに入りこんでいることになるだろう。肖像画の外にいながら、ウォルポールは肖像画の一部であるのだ。この肖像画を前にし、絵のなかから見つめられているかぎり、ウォルポールはいつでも、「アウト・オブ・タウン・パーティー」のなかに入り込んでいくことができる。もし、肖像画のなかに彼が描きこまれてしまえば、『アウト・オブ・タウン・パーティー』は、一枚の絵画として完結する。それは記憶となって、時間はそこでとまってしまうことになるだろう。

ウォルポールの図書館

この『アウト・オブ・タウン・パーティー』という肖像画は、ウォルポールの居間に飾られることによって、初めてその絵としての意味をまっとうすることができた。いままさにそれを見ているウォルポールによって、「アウト・オブ・タウン・パーティー」という四人の男たちのパーティーは、いまここに集いの場所をもつことになる。だから、この肖像画は、その中心を絵画のなかにもつことができない。描かれてはいないが、そこにいることが予想されているウォルポールが、肖像画の前に立つことによっ

ストロベリー・ヒルの

て、この絵画は完成するのである。

ウォルポールはこの肖像画に満足していた。エッジカムが急逝した年の十二月三十日付のジョージ・モンタギューに宛てた手紙のなかで、彼はこう書いている。

私はウォルドグレイヴ卿、セルウィンそしてウィリアムズとともに、「マイ・アウト・オブ・タウン・パーティー」をやってきました。哀しいことにもうあのエッジカムはいないのです。彼はクリスマスとイースターのパーティーの常連でした。あなたはレイノルズが私のために描いた、彼とセルウィンとウィリアムズのチャーミングな肖像画をご覧になったことがありましたか。それはレイノルズが描いたもっとも素晴らしいもののひとつです。

おそらくレイノルズにとっても、この肖像画は特別な意味をもっていたにちがいない。なぜって、少年レイノルズの才能を認めて、彼をイタリアへとおもむかせ、援助を惜しまなかったのは、描か

ウォルポールの居間にある暖炉,『アウト・オブ・タウン・パーティー』は上の壁にかけられた

れている人物のひとりエッジカムの父であったからだ。父エッジカムの存在なくして、レイノルズの画家としての出発はありえなかった。

そして、ウォルポールは、この肖像画を見ている時は、あの「アウト・オブ・タウン・パーティー」のメンバーを前にして語りあうことができるのである。それは、けっして作品のなかで完結してしまう体験ではない。エッジカムの視線のなかに、肖像画の外の現実がつつみこまれて、いかなる場所であろうとも、その絵が飾られてある場所を、「アウト・オブ・タウン・パーティー」の場所へと変容させてしまうのである。

まなざしの部屋

『アウト・オブ・タウン・パーティー』が物語るのは、かつて共有した時間をいまここに呼び戻したいという熱望にあらわれた濃密な友情である。それだけではない。ここに描かれているのは、イギリスの十八世紀そのものである。ホーレス・ウォルポールという、まぎれもなく十八世紀イギリスを代表する文人を映し出す鏡がそこにあるからである。肖像画に描かれている三人の人物は、彼ら自身によっては、歴史を映し出すことはできない。しかし、肖像画のなかには不在であるウォルポールをとおして、つまり、肖像画の外に立つ者をとおして、十八世紀の歴史を語る集団となっているのである。そして、この『アウト・オブ・タウン・パーティー』のうち、ウィリアムズを除く三人が独身者であり、セルウィンとウォルポールに女性への関心がないのであるならば、その肖像画は、ロックやヒュームといった独身者の歴史につながる者たちの肖像画でもある。まことに、ウォルポールは、父ウォルポールに忠実に生き、ホイッグの伝統に忠誠を誓って、その始祖ともいうべきジョン・ロックの友情の系譜を引き継いでいるのである。

イギリスの十八世紀には、まだ数多くのセルウィンやウィリアムズがいる。ウォルポールにしてみれば、その膨大な書簡は、多数のセルウィンやウィリアムズとかかわることで、自らの歴史とイギリスを語るための装置のようなものであった。それはまた、自分を見返している視線を無数にもつことである。手紙と愛のコミュニティがそこにはあるといってもいい。

そして、おそらく肖像画家としてのレイノルズは、見つめ返してくる視線を描くことによって、この絵に映し出されたイギリスの十八世紀を、濃密な感情によって満たしていることになる。この『アウト・オブ・タウン・パーティー』を描いている時、レイノルズの眼は、ウォルポールの眼と重なっている。彼は肖像画を描くことによって、ウォルポールの眼の代理人となっているのだ。

こうした手法をとった例は、この『アウト・オブ・タウン・パーティー』だけではない。レイノルズはルネッサンスの画家たちの構図を利用して、多くの作品を描いている。そのなかに、『カロライン・マールボロ公爵夫人とその娘』という肖像画がある。その構図のアイディアは、ミケランジェロの『キリストの先祖たち』からとられている。この二つの絵を比較すると、確かに、レイノルズは巧妙にミケランジェロを模倣して、子供を抱く母の姿を描いているのがわかる。しかし、決定的に異なるのは、ミケランジェロの作品が母親の姿を横向きに描いているのに対して、レイノルズの母親マールボロ公爵夫人は正面を向いていることである。その視線はほんの少しずれてはいる

▶レイノルズ『カロライン・マールボロ公爵夫人とその娘』(ブレンハイム邸)

◀ミケランジェロ『キリストの先祖たち』部分(システィナ礼拝堂)

が、はっきりと正面を向いて、抱き上げた子供とともにこの肖像画を見ている人物へと視線を送っているのである。見られ、また見返しているのは、この肖像画の飾られたブレンハイム邸にいるマールボロ公爵に他ならない。絵のなかには描かれていないマールボロ公爵こそ、この肖像画の重要な構成人物なのである。そして、『アウト・オブ・タウン・パーティー』と同じく、ここでも、肖像画とその外との間に、愛のコミュニティが形成されることになるのだ。

『アウト・オブ・タウン・パーティー』を描いた一七五七年もしくは一七六一年当時、レイノルズのアトリエには一日に六人もの人物が肖像画を描いてもらうためにやってきた。レイノルズの弟子で彼の伝記作者でもあったノースコートは、レイノルズの話として、そう書いている。レイノルズの忙しさは想像を絶するもので、アトリエを訪れる用のない訪問者に、彼は怒りを抑えることができなかった。それほどに、肖像画は当時のイギリスにあって、貴族、ブルジョワを問わず、大流行していたのだ。つまり、イギリスの家のなかでは、マールボロ公爵夫人の肖像画のように、肖像画の外へと視線を送る眼によって、愛のコミュニティが作られていくことになる。

もうひとつこうした肖像画のチャーミングな視線の例をあげておこう。それは、レイノルズ自身の愛のコミュニティである。

レイノルズは多くの少女と少年の肖像を描いている。とりわけ少女の肖像は多い。そこには、とても少女とは思えないコケットリーをふくんだものがある。しかもそのコケットリーは当然に眼のうちにこめられている。そこにレイノルズの愛のコミュニティがあったのだろうか。彼を見返して

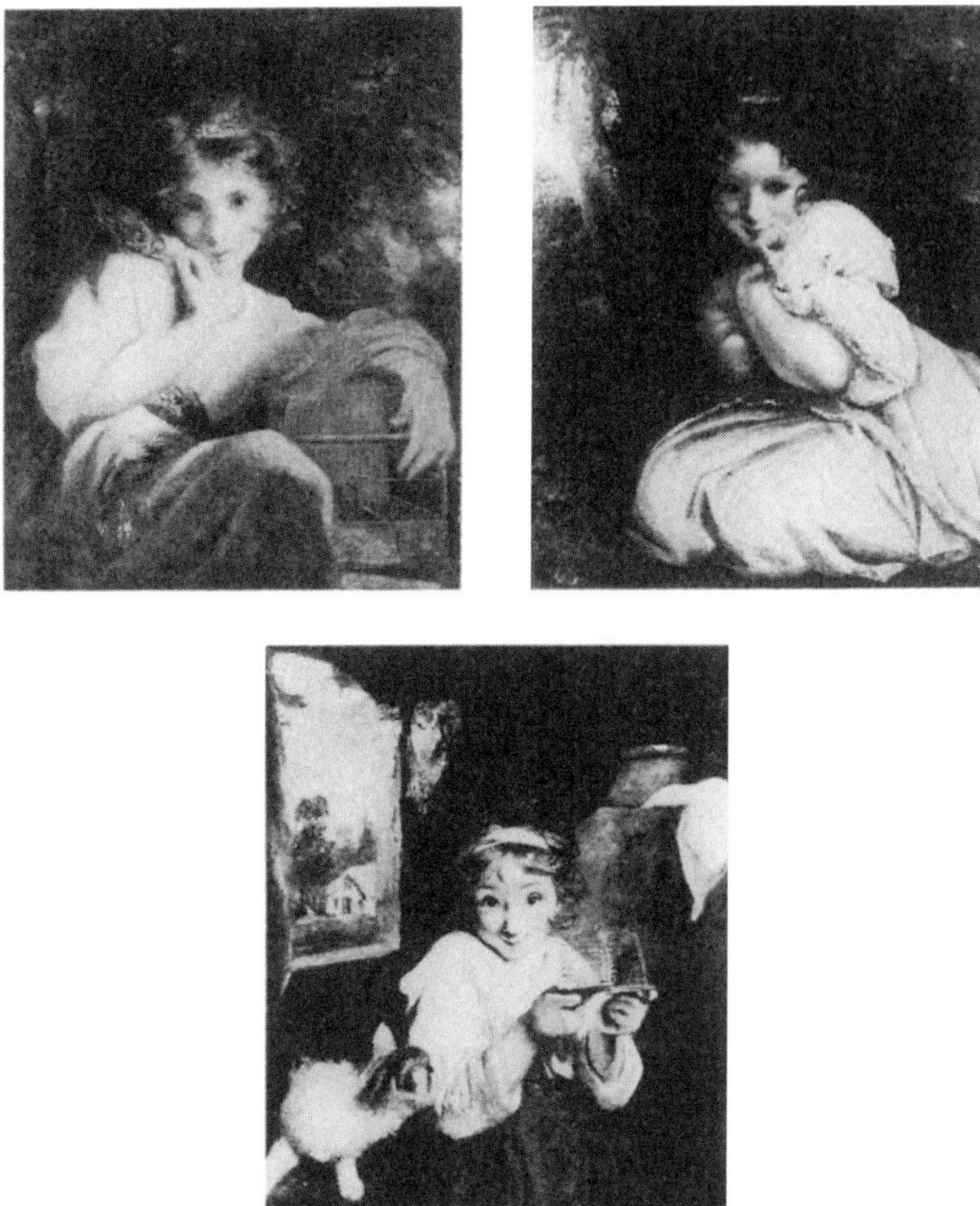

レイノルズによる少女たち（上段右のモデルはセオフィラ・パルマー，左のモデルはマグダレーナ・ルイス）

くる少女の眼のなかに、いったいどんな感情を見ていたのだろうか。みずから描いた少女の視線に囲まれることで、レイノルズが、『アウト・オブ・タウン・パーティー』を前にしたウォルポールと同じように、時としてノスタルジーに満たされた幸福な時間をもったことはまちがいない。だから、肖像画は、けっして芸術作品として独立したものではなく、いつも愛のコミュニティを語り、一八世紀イギリスの感情を語るためのものである。いい換えれば、それは肖像画の外に立つ者の歴史を語る装置でもあったのだ。

第二部　ベンサム

ジェレミー・ベンサム（41歳，1789年）

ジョン・スチュアート・ミル

第5章　ベンサム・ロマン主義・ミル

十八世紀末のフランス革命の時代から十九世紀イギリス初頭にかけての時間を思いおこそうとすると、ウィリアム・ハズリットのことを書きたくなる。私の手元には、千部限定で出版された二十一巻のハズリットの全集から、瑣末な恋愛についての告白本にいたるまでが集められていて、その横にはリー・ハントの本もほとんど集め終わっているからだ。ハズリットほど、可哀相な男はいないのだから、十九世紀の悲しいお話としてなら、ハズリットは格好の対象なのだ。

思想は、なにもカントやヘーゲルや、ハイデッカーが生産した概念のなかだけにあるのではなく、うめき声とも泣き声ともつかないかすかな言葉となって一八二四年のロンドンの安宿のなかで語られることもある。ハズリットは、スティーヴン・ジェフリー、リー・ハントとともに、初めてジャーナリズムというべきものを確立した批評家で、とりわけて演劇批評を当時の名優エドマンド・キーン登場のなかで確立した。批評には対象が必要なのだ。もしキーンがいなければ、彼らの批評はその強さを持つことはできなかった。キーンのことを知りたければハズリットやリー・ハントが雑誌『エグザミナー』を主な場所にして書いた批評を読めばいい。革装本にまとめられた『エグザミナー』全巻を書棚に置いているような人間は趣味に走りすぎてとても学問などというものには向いていないが、それが私だ。ただこの『エグザミナー』に連載された演劇とオペラの批評が読みたくて買ったのだ。そこに十九世紀初頭のロンドンの都市の感覚があって、芝居小屋の歓声が聞こえるからだ。しかし日本でハズリットに関心を持つ者は、エッセイストとしてのハズリットに焦点を合わせているので、キーン登場のイギリス演劇史やモーツァルトやベートーヴェンを初めて迎え入れた時のロンドンのオペラ史との関係のなかでハズリットを問題にする人はいない。そうであっても、ハズリットが今も思い起こされるのは、一八二五年に匿名で出版した『時代の精神』（*The sprit of the age*）が、同時代の一八人の思想家、詩人、作家、批評家について論じて、十九世紀イギリス・ロマン派の息吹を知らせているからで、これだけはハズリット唯一の翻訳として講談社学術文庫に入っている（現在は品切）。

その一八人のうちには、ゴドウィン、マルサス、コールリッジ、ウォルター・スコット、バイロン卿、ジェフリー、サウジー、ワーズワースなどがふくまれているが、その冒頭に置かれたのが、そう、ここでのわれわれの主題であるジェレミー・ベンサムであった。もともとは、前年の一八二四年に『ニュー・マンスリー・マガジン』に掲載されたもので、五十二歳になって貧窮と孤立のうちに没したハズリットは、この出版から五年後の一八三〇年に「幸福だった」という最後の言葉を残して没した。この言葉が有名になったのは、ハズリット自身の人生が幸福どころか悲惨をきわめたからだ。エゴイストで狷介で、詩人ラムをのぞけば、すべての友人から交流を絶たれた。二度の結婚に失敗し、誰もが反対したロンドンの下宿先の十九歳の女の子に翻弄されて顰蹙を買った。そうしたハズリットの可哀相な恋愛は、エコロジカルな文芸批評派の一人として、現在もっとも刺激的なロマン主義への批評を行なっているジョナサン・ベイトが『The cure for love』という小説にして書いたばかりである。そしてハズリットは胃がんに倒れて食べることにさえ事欠いて死んだ。その批評家の最後の言葉が「幸福だった」であった。作家ヴァージニア・ウルフは、かれがそう信じていたと解釈するしかないと書いて、そのハズリット論を閉じている。

このハズリットの『時代の精神』が匿名出版された一八二五年、ベンサムは七十七歳で存命中である。ハズリットは、三十歳年上の老ベンサムの日常についても詳しく書いている。ベンサムはさらに一八三二年まで生きて、ハズリットが経験することができなかった老年の日々を送ったのだ。

ベンサムが生まれたのは一七四八年で、ハズリットは一七七八年に生まれている。ハズリットはユニテリアン派の聖職者の息子として生まれたが、ベンサムは質屋を先祖に持つ不動産を管理する裕福な父の子として生まれた。ハズリットは、筆一本で食べていくジャーナリストであったが、ベンサムは生涯にわたって職業について生活費を稼いだことはなく、すべて父や叔母の遺産によって生活していた。一八二五年当時、ハズリットは貧窮の極みにあって、ロンドンに一室を間借りして文字通り「手から口へ」という生活であったが、ベンサムは、ウェストミンスター地区にあったミルトンの旧宅跡に居を構えて、庭の散歩を習慣にしながらほとんど家を出ることなく隠棲同様の生活を送っていた。

ハズリットは書いている。

ベンサム氏はこの四十年間というもの庭園を見渡すウェストミンスターの邸宅に住んでいる。まるでかれの独房のなかの世捨て人のようだ。法をシステムへと還元し、人間の精神を機械へと還元しながら。かれはほとんど外出することなく、会うのもほんの限られた仲間だけだ。お気に入りの入室を許された何人かがいつも一人ずつ会っている。かれは会話を他の誰かに見られることがいやなのだ。かれは多くを語り、耳を傾けるのは事実についてだけだ。

ハズリットの文章は、容赦ない批判において特長をなしている。同じロンドンに住みながら、二人の環境には大きな違いがある。ここでのベンサム像は、部分だけを見れば、ハズリットの環境と変わることはない。世捨て人のようにいることでは同じだ。しかし、ベンサムには、当時既にベンサム・サークルが形成されていて、そこにはジェイムズ・ミルと十九歳になった早熟な思想家ジョン・スチュアート・ミルをはじめとするロンドン論壇の先鋭的な人間が集まっている。ハズリットにはそんなものはない。仲間というべきものはない。同じ「世捨て人」であっても、ハズリットはベンサムのうちに「システム」と「機械」の動きを見てそれを批判しているのだ。「ベンサムが考える人間の精神とは、地図のようなものであり、絵画ではない。輪郭と配置は正確だが、色彩と陰影が欠けている」と、同じエッセーのなかでハズリットは言う。若い時に画家をめざして才能のないことを自覚したハズリットにしてみれば、ここでのベンサムについてのレトリックは、うまい言い方だな、と自分で思ったかもしれない。

おそらく、当時のベンサムについての評価は、このハズリットの評価に重なるものであったにちがいない。後に、ジョン・スチュアート・ミルがベンサムに感じた不満と不安もそこにあったことだろう。J・S・ミルが、われわれが考えている改革がすべて成功したとしても、そこに私の救済があるのだろうか、と言った時、ハズリットが思うベンサムへの批判はそのミルの不安を先取りしていて、ベンサムの限界を指摘していることになる。要するに、システムはあるが、人間がいない。効用（utility）だけで、世界を理解することができるだろうか。功利主義（utilitarianism）で、果たしてこの世界を説明することができるのか。輪郭と配置はある。しかし、色彩と陰影がない。

ハズリットはさらにこう言う。「効用」はなにもベンサムの独創ではない。ただ、かれは、その考えをあらゆる問題に適用可能にして、それだけで問題を説明しようとしたことに特質がある、と。これは正しい。ベンサムもそれを否定することはないだろう。

さて、ここからはハズリットを一時離れて、ハズリットが言っている「効用はベンサムの独創ではない」ということについて、ベンサム自身に語らせることにして、功利主義という、確かに現代においても一つの思想として語られるアイディアがどのように始まったのかを、少し詳しく辿ってみることにしよう。だがハズリットのことは置き去りにはしない。また、かわいそうなハズリットのことに戻ることになるだろう。

功利主義の始まり

現在、オクスフォード大学出版局から刊行中の『ベンサム著作集』は、膨大なベンサム草稿を整理しながら、細々と出版されている。私が一九八五年にロンドンに留学していた時、ちょうどこの著作集が刊行されようとしていて、そのプロジェクトの責任者であったフレッド・ローゼンは、二十世紀中に刊行は終わると言っていたが、それは実現されず、いったいいつになったら全部出版ができるのか想像がつかない（ちなみに、ローゼンの家に当時下宿していたのが林望氏で、そのことは後に彼の本にも出てくる。ずいぶん好印象なローゼン氏と読めるが、私に対しては傲慢で冷たかった。これはハズリット流の仕返しですね）。

この『著作集』の『義務論理学 deontology』（一九八三年）という巻に、一八二九年六月にベンサムによって書かれた草稿を活字化して掲載された「功利主義についての論考」がある。ここには、ベンサムが功利主義というものを一つの思想として形作っていく歴史が書かれていて、それを読むと、ベンサムがどのようにして「効用」（utility）を改革の鍵として発見したのかがはっきりとわかる。

功利主義者ベンサムの出発点となったのは、一七六八年のことである。オクスフォード大学クイーンズ・カレッジに隣り合って建っていた「ハーパー・コーヒーハウス」からジョゼフ・プリーストリーのパンフレット『統治の第一原理と政治的、市民的、宗教的自由の本性について』（一七六八年）を借り出して読んだ時である。当時のコーヒーハウスは会費を払うと、新聞や雑誌、新しく刊行されたパンフレットを借り出すことができた。その最後のページに、ベンサムが世界に広めた「最大多数の最大幸福」（the greatest happiness of the greatest number）があった、とベンサムは書いている。こんな具合に。

いずれにせよ、このパンフレットとそのなかの言葉が，公的にも私的にも道徳の問題についてのかれ〔ベンサム〕の原理を決定することになった。かれの著作によって文明社会にひろめられたフレーズや言葉、そしてその趣旨は実にこのパンフレットからとられたものであった。その言葉を見た時、かれはまるでアルキメデスが流体力学の基本原理を発見した時のように、こみあげてくる精神のエクスタシーのうちで、我・発見せり（ユーレイカ）と叫んだ。

この文章を書いている時、ベンサムは八十一歳である。二十歳から二十一歳にかけてのことを思いおこして書いている文章には、ハズリットの記述とは異なるベンサムの姿がある。社会改革を描くための原理は、確かにシステムであったが、そこには実は色彩も陰影もふくんだパッションがあった。それがベンサムである。

だが、この八十一歳のベンサムの記述には記憶違いがある。『著作集』の編集者は欄外注のなかでその記憶違いを修正している。つまり、この「最大多数の最大幸福」という言葉は、プリーストリーのパンフレットにはなく、一七六九年にベンサムが読んだ、イタリヤの刑法改革運動家ベッカリヤの『犯罪と刑罰』の英訳版（一七六七年）にあった言葉だった。プリーストリーが書いているのは、「いかなる国家であれその構成員の多数者の利益と幸福（good and happiness）が国家にかかわる全ての事柄が決定される際の基準となる」というものだった。

ベンサムにとって、この「最大多数の最大幸福」あるいは、後にはただ「最大幸福の原理」と言われたものが、「効用」(utility) というものであり、「功利主義」(utilitarianism) のもとになった。そして、この「最大多数の最大幸福」の意味をさらに言い換えれば、「快感」(pleasure) を最大化 (maximization) することであり、「苦痛」(pain) を避けることであった。

この快楽主義の哲学については、すぐに語るとして、ベンサム自身が、この「功利主義についての論考」には書いてないが、最初に「功利主義者」(utilitarian) という言葉を使ったのはいつでどこであったのかは、ベンサムの「書簡集」によって知ることができる。一七八一年八月二十四日付の友人に宛てた手紙である。その夏に知り合った国教会の牧師である、ジョゼフ・タウンゼントについての記述のなかで使われる。こんな記述である。

今朝、真摯なジョゼフ・タウンゼントがここを発った。教区牧師でオルダーマンの弟である。かれはきわめて尊敬すべき人物に見える。豊富な外国体験があり、知識も豊かだ。かれの勉強ぶりは僕のそれと多くは同じ道を歩んでいる。かれは功利主義者である。博物学者であり、化学者であり、医者であり、僕自身そうなろうかと思ったように、かつてメソジストであった。そして僕が今のようではなかったとしたら、今でもそうなりたいと思っている人物である。

ここで、「功利主義者」についての説明はまったくないが、その夏にはベンサムは出版前の『道徳と立法の原理序説』の草稿を持って旅行していて、そこでの記述が前提であるのだから、快感を中心にした道徳と社会についてのイメージを共有するものという意味であろう。あるいは単なる社会改良家という意味かもしれない。いずれにしても、博物学者、化学者、医者といった人たちが出てくるが、のちのベンサム・サークルを形成した人間たちの職業をこの言葉は予見していて、まさしく功利主義者とは、世界を蒐集し、分析し、実験を行ない、解剖をし、治療をする者たちのことであり、事実のみに則して語る者たちがそこにいるのだ。

ところで、「最大多数の最大幸福」という言葉を、ベンサムはプリーストリーのうちに発見したと書いているが、そして『著作集』の編集者は欄外注のなかでベッカリアの言葉であるとも言っているが、ベンサムがどうしたわけか言及しないにもかかわらず、この言葉を最初に使った人間は他にいて、それはスコットランド啓蒙主義の哲学者で、アダム・スミスの前のグラスゴー大学哲学教授であるから、ヒュームやスミスより少し世代が上のフランシス・ハチソンであった。このことについてはかなり言及されることが多いが、ハチソンは、『美と徳の観念の起源』のなかでこの言葉を使っていて、ただ言い方が少し異なっている。「最大多数の最大幸福」を'the greatest happiness for greatest number' と言っていて、「最大多数者のための最大幸福」といった意味になる。そこでの継続的テーマは、身体的感覚とは異なる、「道徳感情」(moral sence) に導かれて、他者への善意 (benevolence) が実現する幸福のことを言っているので、ベンサムの場合とはベクトルが違うというべきだろう。ベンサムにはそもそも「道徳感情」という言葉がない。ベンサムがいう幸福とは、身体的な快感のことであり、むしろ、道徳をこの身体的感覚の快感の配置のうちに解体することがテーマであるのだ。だから、ハチソンは当然に功利主義ということはできない。また同時に、ベンサムをスコットランド啓蒙主義の道徳感情のサークルに加えることはできないのだ。

だが、ことはそう簡単ではない。ベンサムが、「効用」と「快感」と「苦痛」の思想を得たのは、ヒュームからであった。ヒュームはスコットランド啓蒙主義の人脈のうちで当然にハチソンの影響も受けていて、アダム・スミスと同様に、「道徳感情」による共感（sympathy）や想像力のうちに社会の基盤を見ていた。だが、ヒュームにはハチソンのように他者への善意や仁愛というもので社会を根拠づけるようとする意図はない。むしろ、個々人がいだく自分の利害についての配慮が、共通する利害の形成へと導くと言った。ハチソンは自己愛からの離脱がテーマであったが、むしろヒュームは自分の利害への配慮がおのずから個々人の共通の利害の暗黙の協定へと導くと考えていた。それは社会契約ではなく、「黙契」（convention）なのだ。そう考えると、ヒュームが言う共通の利害への「黙契」というものは、現代の社会契約論の復活者とでもいうべきジョン・ロールズの発想に近いものがあるが、それはここでの主題ではない。

そうは言っても、ハチソンもけっして自己愛というものをまったく否定しているわけではない。自己の利害への配慮なしに他者への善意も当然にありえないと言っているのだから、ヒュームとハチソンとの間を繋ぐラインは残っているのだ。というよりも、ヒュームのなかには、ハチソンのなかにあった共感とモラル・センチメントの発想と、ベンサムにつながる功利主義と快感の哲学とが混じりあっている。たとえば、「効用」についてはモラル・センチメントを離れて、便利で使いやすいといった「効用」が、制度であれ、椅子であれテーブルであれ、美しさを産むのだと言っていて、そうなると、ヒュームは、現在の機能主義美学の思想を語っているとも言えて、モラル・センチメントだけの思想家ではない。あるいは、こうも言える。ハチソンも、ヒュームもベンサムも、

「快感」「苦痛」「幸福」「公共利害」「効用」といった言葉を共有しながら、それぞれ思想の重点を移動させている。ただ、スコットランド啓蒙主義という枠のなかにいるハチソンとヒュームに対して、ベンサムは「道徳感情《モラル・センチメント》」という言葉を共有せず、『道徳と立法の原理序説』において、この「共感」の理論を徹底的に批判することで、ベンサム以前と以後とを切断しようとしていて、快感の哲学を徹底することで大きな断層を持つことになるのだ。

それに加えて言っておけば、ロックとハチソンは自分の本のなかで『聖書』を引用することに躊躇がなかったが、ヒュームは『聖書』ではなく、むしろ歴史を引用した。ヒュームが出版した本でもっとも評判が良かったのは、『英国史』であり、ヒュームは哲学者であって同時に歴史家であった。人間をとらえる視点が、ロックやハチソンとは異なる。歴史のなかに働いている人間の情念や利害は、ヒュームの哲学に理念と理性の固定した枠を許さなかった。

快楽主義と法律学

一七七六年、ベンサムは匿名で『政府論断片』（*Fragment on government*）を発表する。この本はロンドンの論壇のスキャンダルとなった。いったい誰が書いたのかをめぐるものであったが、いったんそれが無名の二十六歳の青年のものであるとわかると世間は関心を失った。しかし、その出版は無駄ではなかった。ホイッグ改革派の大物国会議員であったシェルバーンがそれを読んで、ベンサムにコンタクトを求めてきたのだ。シェルバーンは、ホイッグ派に属しながら、のちの首相となった小ピットを引き立て、自らも短期間ながら一七八二年から翌年にかけて首相の地位に坐った。その内閣で小ピットは二十三歳で蔵相となり、その輝かしい政歴の出発を飾ったのであった。シェルバーンについてはその評価は分裂している。ベンサム自身は、「私を果てもない屈辱から掬いあげてくれたのは彼であった」と語っているが、十八世紀イギリスを代表する文人ホーレス・ウォルポールは口をきわめて批判している。そのために、かれは、シェルバーンが首相になった時に、日記に「シェルバーン卿の性格」についてという長文の文章を書いているほどである。こんな具合である。

彼の虚偽はいつものことで有名だった。(中略)だから彼が本当のことを話すとかえって人は欺かれてしまった。彼のもっともらしさは、演技というより習慣になっていた。その笑い声はとてつもなくけたたましかったのでまるでガラガラ蛇の音のように、彼が噛みつく前の警戒信号になった。

まだまだ続くのだが、要するに、権力闘争だけに生きる男であった、とウォルポールは言うのだが、こうも言っている。「彼の精神も表情も勇猛果敢で華やいでいた」。

このウォルポールの言葉を読んでいると、逆に、あけすけで憎めない華のある政治家であったことになるのだが、ウォルポールがそんなことでシェルバーンを肯定するはずはないのであった。

シェルバーンは、経済学者ウィリアム・ペティの孫である。けっして知的世界と無縁ではない。事実、ベンサムが影響を受けたプリーストリーは、シェルバーンの図書館の司書であった。シェルバーンはヒュームにも仕事をあたえようとしたが、ヒュームは反スコットランドの気分が横溢するロンドンに一刻も留まる気持ちがなかった。理由にならない理由をつけてこれを断わってスコットランドに逃げ帰った。ヒュームが五十歳、シェルバーンは二十四歳であった。だがヒュームにとっても、またアダム・スミスにとっても、シェルバーンは親密な存在であった。シェルバーンの弟はグラスゴー大学に入学しているが、その時の家庭教師はアダム・スミスである。スミス三十五歳の時で、『国富論』出版の十七年前である。それだけではない。シェルバーンのサークルには、ベンジャミン・フランクリンやミラボーがいた。アメリカ独立とフランス革命は、シェルバーンの周辺の人脈によってなされたともいえる。そしてベンサムの同盟者となり、ベンサムの名前を世界的なものとすることに最大の貢献をした、エチエンヌ・デュモンがこのミラボーの秘書であった。もし、シェルバーンという存在がなければ、ベンサムの生涯とその理論は、まったく異なるものになっていたかもしれない。

もう一つ、サミュエル・ジョンソンが自分の伝記作家ボズウェルに語った言葉によれば、「シェルバーン卿は態度は粗野だが、能力もあり知識も深い。私はけっして国家の頂点に彼を置きたいなんて言っているのではない。しかしクラブの最高位に置くには良い男だ。われわれのクラブではないがね」。

シェルバーンをもっとも高く評価したのは、ベンジャミン・ディズレリーだろうが、ベンサムとの関係でいえば、読むに値するベンサム概論として今もって多分最高と思われる『ジェレミー・ベンサム——観念のオデッセイ』を書いたメアリー・マックは、ベンサムに憲法論への研究をうながし、民主主義への眼を開かせたのはシェルバーンであると言っている。議会改革運動や、法改革運動にベンサムが向かったのは、シェルバーンによるのだと言う。マックがこの本を出版したのは一九六二年、コロンビア大学の博士論文として提出したのが一九五八年であった。今もってこれを超える本は書かれていない。

シェルバーンのサークルのなかには、イギリスの近代法律学の祖とも言うべき、ウィリアム・ブラックストーンがいた。彼が書いた『イギリス法注解』は、イギリス国内法についてのテキストとして今もって大きな評価を受けている。アメリカ独立宣言にも大きな影響をあたえた。シェルバーンがそれを読んでベンサムを招く契機となった『政府論断片』は、まさしくこのブラックストーンを徹底的に批判した本であった。シェルバーンの不思議さはここにもある。

ベンサムのブラックストーン批判のポイントは、ほぼ三つに整理できる。一つは、イギリスのコモン・ロー(判例と慣習)を正当化したことに対して。また、法的な擬制《フイクシヨン》を容認したことに対して。そして、社会契約論や自然法に対する両義的で曖昧な態度と神学的粉飾に対して。これは、ブラックストーンへの批判というよりも、ブラックストーンが教科書としてイギリス法を整理したことへの批判であるのだから、実質的には、イギリスのコモン・ローへの批判であり、このコモン・ローのもとにあって、国王の政治権力からの自由を勝ち取った名誉革命以来のホイッグ派の政治への批判でもあったことになる。

『政府論断片』の冒頭に、あの「最大多数の最大幸福」という言葉が出てくる。

ベンサムはこう始めている。それが二十七歳の青年の文章であることを考えれば、熱気は理解できる。

われわれが生きている時代は忙しい時代である。知識は急速に完成に向かって進んでいる。自然界においては特にあらゆることが発見と改良に満ちている。地球の最も遠く人知れぬ地方の横断と探検、――ごく最近における空気中の万物に生命を与える捕捉しがたい元素の分析とその知識の普及――その他のすべてのものがなくてもこの嬉しい真理の顕著な証明である。（永井義雄訳、永井義雄『ベンサム』講談社）

ベンサムが『政府論断片』を書いた時代は、キャプテン・クックの探検があり、プリーストリーの空気の研究があった。そこで、ベンサムは、こうした自然研究の改革につづいて、道徳と法の革新が必要であると言うのだ。その中心となる思想は「最大多数の最大幸福」の原理であった。功利の原理によって、かれはこうも言う。法律がかかわる事柄の中心は、苦痛と快楽以外のものではない。どのような改革が快楽を増大し、また苦痛を減らせるのかを考えれば、問題は解決する。しかも、この苦痛と快楽とはなにかについては、法律家に相談しなくても人々は解っている。法律を功利の原理によってコントロールすることは、法のシステムをほとんど解体するに等しいことである。実際、現代の法律学のうちには、法的な問題は「利害」比較によって行なっていこうとするものもあり、「法と経済学」派が、例えばリスクを回避するためにもっとも費用（コスト）をかけずにすむ人間にこそ、事故の法的責任がもっとも大きい、といったことを言うのを聞くと、ベンサムのここでの議論は、現代の問題ともつながっていて、実際、「法と経済学」派は功利主義と定義される場合もあり、それを否定することにまた「法と経済学」派はやっきとなっているのだ。

ベンサムはそこまでは言っていないが、法の概念を、快楽と苦痛の経済学によって解体しようとしていることは本当である。かれにとって、法の概念は「擬制《フィクション》」であって、その背後に人間の意図というものがあるからだ。言葉には動機があり利害がある。ある場合にはその動機や利害を隠し扮飾し、人々を操作しようとする。言葉は動機や利害を背景とする行為に他ならない。このことについては、のちにもう少し、ベンサムの言語哲学として語って、ケネス・バークやクワインや、オグデン、あるいは、最近のセジウィックが「ラカンとベンサム」ということで何を言おうとしているのかを示唆しようと思うが、少なくとも、ここでは、現代のオースティンの言語行為論との間にさえ、ベンサムが関係を持ちうることをほのめかしておこう。

だが、『政府論断片』においてのみならず、終生にわたってベンサムの課題であったのは、イギリス法の法典化（codification）である。ベンサムはこう言っている。

「散在することが知られている過去の司法諸判決の原資料――コモン・ロー（唯一の、しかも無視されている資料）――に日のめを見させる準備」、「全ての判決を記録し公表する準備」、「コモン・ロー全体を要約して制定法に変える準備」（永井義雄訳）をするよう求める、と。

この言葉は、ベンサム自身の法律家としての挫折が背景になっている。老ベンサムはオクスフォード大学時代を振り返って、伝記を書いたバウリングにこう語った。「あるとき、訴訟事件について意見を求められた。私は全ての法典（CODE）をあさってみた。私の意見は法典に従えば正しかった。しかし私が見たこともなく手に入れることもできない手稿に書かれた判事の見解に照らしてみれば間違っていた」。

その見解は、ベンサムが生まれる以前に書かれたもので、通常は保管のためにしまい込まれ、必要な時だけ出されるものであった。ベンサムはここで躓《つまず》いた。その躓きが、コモン・ロー批判となった。

コモン・ローは、コモン・カスタムとも言っていいものである。法律家の慣習であり、法律家だけが知りうるものであった。個々のケースに従った判決であって、統一的な見解ではない。その集積の上にコモン・ローのシステムはある。今であっても、アメリカやイギリスの法律家にとって、判例を探し出すことは重要な仕事である。どこかに適当な判例があれば、裁判を有利に運ぶことができる。ベンサムは、この記憶と慣習の厚い脂肪のなかにうずもれて見えなくなっている法の姿にがまんがならなかった。

だが、ブラックストーンにしてみれば違う。一人の絶対者が法律を作るのであるならば、体系的に簡潔な法律を作ることができるかもしれない。しかし人民の議会によって諸々の法律が作られ、複雑に異なる事例について裁判が行なわれる時、そこから一つの新しいシステムを作り出すことはとてもできないことである。ブラックストーンは、イギリスの議会と裁判所が、王権との間に距離を保って、ケースに応じた権利関係を調整してきたことを評価するのだ。それを、ブラックストーンは「ゴシックの城」に譬えた。「われわれはゴシックの城に住んでいる。それは騎士道華やかなりしころに建てられたものであっても、現代の住民にも満足のいくように改装されている」。

ベンサムは違う。ベンサムはリンネの植物学の影響を受けて、分類し、表にして、体系にしなければ気がすまなかった。J・S・ミルは、このことをベンサムの細分化への執着と言って、それを批判的に見ていた。ハズリットも的確に言っている。「ベンサム氏にもっとも顕著なことは、配列することへの強い関心である。時と環境に従って変化する心理の形式であり、その本質ではない」。

確かにベンサムは違う。かれにとって、法は、職業的法曹にしか見つけることのできないような記憶やどこかわからないところに保管されているものではなく、パノプチックに一望でき誰にも透過できるものでなければならなかった。ベンサムの刑務所改革運動のなかで考案された「一望監視装置」パノプチコンは、フーコーの『監視と刑罰』(邦訳『監獄の誕生』)によって有名になったが、パノプチックな世界への願望は、ただ刑務所建築だけのことではなく、言葉であれ、法であれ、透過されるものでなければならなかった。

『政府論断片』は、かなり退屈な本である。それを言うならば、ベンサムのほとんどの本は退屈である。ただそれをどう読むかが問題なのだ。退屈な議論であっても、そこにあるのはきわめて現代的な光景であった。膨大な法の歴史に変わって、快楽の経済学と法哲学が対置され、パノラマのようになった法典の、しかも、「番号順に条文として組み」、「索引項目」のようになって、裁判の弁論の時は「その番号で法律を示して」、「あの法の全基盤、あの城となった全基盤を」打ち壊してしまいたい。それがベンサムの願望であった。

この願望は、さまざまに変異体となって、ベンサムの発想のなかに入り込んでいく。ベンサムについて考えるとは、この変異体の足跡を追っていくことである。快楽の経済学、快楽の法哲学、透過されるパノプチックな世界。

フランス国民議会名誉市民ベンサム

ベンサムは哲学の歴史上ではマイナー・ポエットである。それはイギリスの同時代においても大きく変わるものではない。ハズリットは、例の『時代の精神』のなかで、古くさい格言を引っ張りだしてこう言った。「予言者は故郷にいれられない」。ベンサムの名前はイングランドにおいてはほとんど知られていない。ヨーロッパではまあまあそこそこ知られている。もっとも知られているのは、チリの平原とメキシコの鉱山においてである。そうハズリットは言うのだが、これは間違いではない。イギリスにおいて、ベンサムが提案したさまざまなアイディアはまったく受け入れられることはなく、それが受け入れられるには、ベンサム没後にベンサム派が推進した法改革やベンサム派のチャドウィックが行なった都市衛生改良まで待たなければならなかった。ベンサム自身が知り得たのは、外国が示した、ベンサムの法改革のアイディアへの関心である。そのための案をベンサムはいくつも書いている。だからハズリットは言うのだ。シベリアの野蛮人は有難迷惑の慰めをかれからもらうことだろう。そして、シェイクスピアの『テンペスト』に登場する孤島の怪物カリバンとともに、ベンサムに言うにちがいない。「お前のことは良く知っている、お前の犬もお前の髭も」、と。

ベンサムが八四年の生涯の間に出版した本は、匿名のものをふくめて一五冊にすぎない。その主著は、一七八九年に出版された『道徳と立法の原理序説』とされているが、実際にはそれほど評判を呼んだわけではない。ベンサムの著作のなかでもっとも影響を持ったのは、フランス革命のリーダー、ミラボーの秘書であった、スイス人エチエンヌ・デュモンがフランス語に訳して出版した『民法と刑法にかかわる立法の理論』（一八〇二年）の三巻本であった。デュモンは、『道徳と立法の原理序説』とベンサムが提供した草稿を、換骨奪胎して、三巻の本に仕立てた。デュモンは、ベンサムのリーダブルでない文章を、もっと一般の人々に読解可能なものにしなければならないと考えていた。そしてこのデュモンの本が多くの人々に読まれることによって、ベンサムの名前はインターナショナルなものになったのだ。「インターナショナル」（international）という言葉を使ってしまったが、急いで言っておくと、今では誰もが自然に使っているこの言葉は、ベンサムの造語である。ベンサムは造語癖があって、既存の言葉が既に固定観念のうちにあることを嫌って、新しい言葉で世界について考えようとした。その造語の多くはベンサムの単なる遊びに終わってしまって今では使われることはないが、今述べたinternationalやmaximization（極大化）はベンサムの造語にもかかわらず、現在も使われている。

ハズリットは、この仏訳の本が英訳されるべきであると皮肉っぽく書いているが、実際に仏訳本のベンサム法理論は、アメリカ人の法律家ロバート・ヒルドレスによって英訳された。ベンサム没後三二年後の一八六四年のことであった。一九三一年にこのヒルドレスの英訳を、チャールズ・オグデンは、自らが編集長をつとめるルートレッジ出版の「哲学と科学的方法」叢書の一冊として、オグデン自らが筆を執った序説とノート、そしてここでの主題となる付録を付けて、『立法の理論』

(*The theory of legislation*)として出版したのだ。この叢書は二十世紀最高の編集者といってもいいオグデンの才気がほとばしっていて、オグデン自身の翻訳によるヴィトゲンシュタインの『論理哲学論考』(ヴィトゲンシュタインはこの訳を拒絶したが)や、ファイヒンガーの『かのようにの哲学』の英訳、ユング、アドラー、ピアジェの心理学の英訳、マリノフスキーの文化人類学、I・A・リチャーズとオグデンの共著として有名になった『意味の意味』、ユクスキュルの生物学、パースの論理学などによって構成されていた。

オグデンは、このヒルドレスのデュモンからの英訳によるベンサムの『立法の理論』こそ、もっとも広く英米法律家の間で読まれたベンサムの本であったと書いている。ベンサムについては、その秘書であったジョン・バウリングの手によって十一巻本の著作集が出版されていたが、およそ読書の気力を萎えさせる本になっていた。私も二十歳代には眼鏡をかけずに読むことができたが、老眼鏡を使う今となっては、眼鏡を使っても文字が時として霞むほどに小さな活字である。現代のイギリスの法律家H・L・Aハートは、「読まれざるベンサム」という表現をしている。読まれないことにはそれなりの理由があって、その責任の一端は、バウリング編集のこの著作集にある。

オグデンは、この『立法の理論』と『フィクションの理論』の二つのベンサムの本を出版したことで、ベンサム研究に対して大きな貢献をした。『フィクションの理論』がなければ、クワインがベンサムに言及することはなかったであろう。そして私自身、このオグデン編集の『フィクションの理論』という小冊子——アメリカのシラキューズ大学に留学していた友人からシラキューズ大学の書店のビニール袋に入れて送られてきたもの——を、二十四歳の時に読まなければ、ベンサムに関心を持つことはなかったのだ。

ベンサム研究へのオグデンの貢献は計り知れない。ケネス・バーク、ミシェル・フーコー、そしてチャールズ・オグデンこそ、現代におけるベンサム研究にとってもっとも大事な思想家である。退屈なベンサム研究の枠を破って、ベンサムの言葉とアイディアに新しい意味をあたえのは、彼らに他ならない。しかし、残念なことに、多くのベンサム研究者はこのことに全く触れることなくベンサム研究を行なっている。

このオグデンによる『立法の理論』という本について語ることは、二つのことにかかわるベンサムの姿を示すことになる。一つは仏訳者であるデュモンを通してのフランス革命との関係であり、もう一つはオグデンが『立法の理論』の付録として付けた「〔セックスについてのベンサムの〕趣味に反する違反」(offences against taste) でベンサムが展開した同性愛擁護論である。

フランス国民議会は、ベンサムに名誉市民の称号をあたえた。ベンサムの弟のサミュエル・ベンサムは「サー」の称号を得ているが、それはイギリス海軍への貢献においてであった。ベンサム自身は、このフランス国民議会名誉市民が唯一の勲章である。

ベンサムがフランス革命と関係をもったのは、二人の人間とのかかわりによる。一人は、のちに『立法の理論』を仏訳刊行したエチエンヌ・デュモンであり、もう一人は、デュモンの友人で、十九世紀初頭の刑法改革運動のなかで、ベンサム派の一人として活動したサミュエル・ロムリーである。二人ともベンサムとは、シェルバーンをとおして知り合った。そして、この二人は、フランス革命のリーダーであったミラボーの相談役であり、スピーチ・ライターでもあった。ミラボーとこの二人が出会ったのも、シェルバーンをとおしてである。そう考えるとやはりシェルバーンという、アイルランド出身の領主政治家の存在は、きわめて大きかったというべきだろう。

シェルバーンは、プリーストリーやヒュームにパトロンとしての意志を示したと同様に、ロムリーに対しても、一七八五年の時点で既に同じ意志を示して、「あなたのロンドンへのお帰りを今かとお待ちしています。我が友よ……私の計算違いでなければ、あなたにふさわしく、あなたの偉大な才能にかなった将来がまさしく準備されようとしています」と書いている。

ロムリーは、祖父の代にフランスから亡命してきたユグノー教徒の子孫であり、デュモンは、ジェネバの王政クーデターによって追放されロンドンに亡命してきたスイス人である。ロムリーは法律家として刑法改革をすすめ、法務次官にまでのぼり、政治家としてもチャールルズ・フォックスが率いるホイッグ改革派の一員として将来を約束されていた。しかし、シェルバーンの夏の別荘があったバウウッドで出会った妻のアンが死んだ直後、ロムリーは妻の後を追って喉を裂いて自殺したのだ。一八一八年、ロムリー五十一歳であった。このロムリーの自殺の時もそばにいたのはデュモンであった。ベンサムとの関係でいえば、デュモンの仏訳者としての仕事は大きいが、のちに触れる「同性愛擁護論」との関係でいえば、一八三〇年以降の法改革運動のリーダーであったことの意義も大きい。当時のイギリス刑法が不合理なまでの微罪（例えばスリ）に対しても、またその刑罰にあたいしないもの（例えば同性愛）にまで死刑を規定していたことに反対して、死刑に該当する犯罪の範囲を減少させようとした。この面では、ロムリーはベンサムの公的な場面での代弁者であった。ロムリーはベンサムより九歳年下、デュモンはさらにロムリーから二歳年下であった。デュモンとロムリーは終生の友情のもとにあったが、かれらが一七八八年の夏にヨーロッパ旅行をして、パリに立ち寄り、ミラボーとデュモンとの政治的同盟ができたことによって、ベンサムの発想は、デュモンを通してミラボーのもとに送られることになる。

その代表的なものは、『政治の方策について』(*Essay on political tactics*)という文章であった。それは、イギリスの議会システムをフランスに設立することを目標としていたミラボーに、イギリス議会政治の要領を教示するものであったが、同時に、ベンサムが、「最大幸福」を目的とする政府が、政府や議会の運営において、どのような悪と不都合を避けるべきなのかを、技術的な問題を含めて提案したものであった。それは、ベンサムの社会工学としての政治のアートというべきもので、実際、ベンサムは「タクティックス」というギリシア語起源の言葉のうちに、「アート」という意味を見て、技術、工学的作法を、ミラボーに提案しているのだ。

そのなかの面白いアイディアとして、「動議板」(table of motion)というものがある。

議長席にギャラリーがあるとして、九フィートの高さと六フィートの幅をもったフレームをそこに置いてカンヴァスをつけて、折り畳み戸のようにして開くことができるようになっている。このカンヴァスには通常は会議場のどこからも見て読むことができる大きさの字を嵌め込めるように孔が空けられている。文字は鉄のフックで留めておくようにしてあれば、ばらばらにならない。

この「動議板」に討論のテーマを示して、議会全体に知らせるべきであると、ベンサムは言うのだ。こうしておけば、討議が長時間にわたったとしても、そこで議論されている事柄がなんであるのかを全員に知らせることができるし、興奮のあまり議員がテーマをはずれることがあれば、この「動議板」を示して、テーマから離れないように注意することも可能である。ベンサムは議会を「立法の劇場」(legislative theatre)とも言っていて、この劇場の観念のうちにこの「動議板」を置いてみれば、それは議会のシナリオであり、進行表でもあり、議員や傍聴人の関心を外さないための装置なのだ。

公開の空間のなかにおける透明なコミュニケーション、遅滞なく進む審議、行政のスピード化、これらは、ベンサムの社会思想の中心にあるものだった。それを、フランス革命のな真っ只中にいるミラボーに向けて、ベンサムは送ったのだ。

この『政治の方策について』を仏訳して出版したデュモンは、その仏訳版『ベンサム著作集』の注記でこう書いている。

私はベンサム氏のこのプランをフランス国民議会の多くのメンバーに提案した。彼らはそれがきわめて独創的でしかも有用であることを認めた。しかし、動議の出される速さと会議の運営上のことがあって実行に移すことができなかった。何カ月も私は国民議会に熱心に参加していた。その間、私が忘れることができないでいるのは、何としばしば議題が何であるかさえはっきりと知ることができなかったことである。（中略）一人一人がそれぞれ自分の主張を話そうとして、それが議会をばらばらにして、些細な個別の討議が巻き起こってくる。かくしてたくさんの動議がまるで幽霊のように通りすぎ、それについて誰も十分に知ることがない結果になる。そこで熱心でないメンバーは投票もせずに表へ出てしまうか、さもなければ、委任をして出ていってしまう。つまり意見を述べることなく、彼らの党派に自分の意見を委ねてしまうのである。こうしたことは取るに足らないことに思えるかもしれないが、この些細なことの積み重ねが重大な結果を産むことになる。急流も一滴の水滴からなり、山も砂粒からなるのだ。

デュモンがこの注記を書いている時、すでにミラボーは没していて、フランス革命は幻想の向こうに去って行った。ベンサムは、もう一つフランス革命についてのエッセーを書いて、大衆の無政府主義的行動によって秩序が失われ、ベンサムやミラボーが考える議会政治などというものは葬り去られることを予見していた。そのエッセーは『無政府主義的誤謬』というタイトルを持つもので、フランス人権宣言に示された自然法的な権利の観念を虚構であるとして批判するものであった。

自然権の否定ということでは、ベンサムはここでもオリジネーターではない。それは既にヒュームによってはっきり主張されたものであり、ベンサムはヒュームの自然権否定や社会契約論否定の域をほとんど出ていない。ベンサムからすれば、「権利」は法律によって規定されるものであり、法律に先んじて、つまり政府や立法者に先んじて「自然権」などというものがありうるはずがないのだ。その意味でいえば、ベンサムは改革家ではあっても、革命家ではない。国家や法は思考の前提であって、それを超えたところに神からあたえられたようにして「権利」というものはない。ただ「功利」に導かれて、立法者は「最大多数の最大幸福」の「幸福計算」を実現するために、義務と権利を規定し、社会を構想するのだ。

ヒュームはもっと怜悧にこう言った。国家や政府というものは、常に侵略と簒奪から始まる。国家があたかも自明の存在であるかのようになるのは、この侵略と簒奪の記憶が薄れ、人々の想像力が国家の始原を構想できるようになってからである。服従の習慣こそが国家を作るのだ。最初から国家なるものが、ましてや「契約」によって作られることなどありえない。

テリー・イーグルトンは『ヒースクリフと大飢饉』(邦訳『表象のアイルランド』鈴木聡訳　紀伊國屋書店)のなかで、『人性論』におけるこのヒュームの言葉に付言して、要するに「政治的主権は薄れていく記憶と鈍った感性にもとづいていることになるだろう」と言っている(イーグルトンのこの本は、アイルランドとイングランドとの虚構の関係がどのように構成されていったのかを、オスカー・ワイルド、イェイツ、ジェームズ・ジョイスといった作家の言葉のうちを這い回りながら探っていく面白い本であるが、哲学の歴史としていえば、第三章に置かれた「フランシス・ハチソンをたたえて」は、スコットランド啓蒙主義についてのエッセーとしては、近来にない刺激的文章である。この本自身は大著といってもいいヴォリュームだが、この四十頁ほどの「フランシス・ハチソンをたたえて」のところだけでも、図書館で読むことを勧める)。

このベンサムやヒュームの、自然権と社会契約の否定には、十八世紀の主流であった名誉革命以来のホイッグ派の自然権思想への批判があった。だが、フランス革命の神は、ヒュームの厄介な友人となったルソーの『社会契約論』であった。ベンサムはそれを否定して、ただひたすらフランス革命の工学技師であろうとしたのである。

同性愛擁護論

オグデンが刊行した、一九三一年のベンサム『立法の理論』が、デュモンの仏訳版『立法の理論』の英訳であったことに機会を求めて、フランス革命とベンサムとの関係について言及したが、もう一つのテーマは、この本に付録としてつけられて翻刻されたベンサムの同性愛擁護論であった。オグデンが公開するまで、ベンサムの膨大な草稿中に、同性愛擁護論があることは隠されていた。そもそもベンサムの秘書であったバウリングが編集出版した『ベンサム著作集』には当然のごとくこのことについての言及はなく、宗教論とともに『ベンサム著作集』からは排除されていた。

ベンサム研究上は、この「同性愛擁護論」はきわめて重要であるだけでなく、イギリス社会思想史研究上の二十世紀における最大の発見であったと思うが、オグデンの公開後もこのことについてベンサム研究者が言及することはなかった。その後にこの沈黙を破ったのは、実に四七年後の一九七八年、『ジャーナル・オブ・ホモセクシャリティー』誌の三号と四号に、ネブラスカ大学文学部教授であったルイ・クロンプトンが、ベンサム草稿中から一七八五年の「同性愛論」草稿を「ジェレミー・ベンサムの男色論——自己にそむく違反」（Offences against ones self : paederasty）として公表した時である（このクロンプトンによるベンサムの草稿翻刻は、私と英文学者の富山太佳夫との共同編集による『ホモセクシュアリティ』〔弘文堂、一九九四年〕に小林朋子・永見直子の共訳によって掲載されている)。このクロンプトンの発表を追って、一九八四年に、やはりベンサム草稿の研究を基盤にして、リア・ボラレビ (Lea Campos Boralevi) が『ベンサムと被抑圧者たち』(*Bentham and the oppressed*) と題した本をのなかで、ベンサムの同性愛擁護論について一章をあてている。ボラレビの本はクロンプトンとオグデンの翻刻公表の域を出るものではないが、その全貌を明らかにしたのは、一九八五年に出版されたクロンプトンの『バイロンとギリシア的愛』〔カリフォルニア大学出版局〕であった。日本においては、一九八八年に雑誌『へるめす』〔岩波書店〕の十五号に「社会の乳母たち——同性愛をめぐるデイヴィッド・ホクニーとジェレミー・ベンサム」で私が紹介したのが最初であったと思う。残念ながら、その後、日本においては私のベンサム同性愛論をさらに先に進めてフォローする者はあらわれないままに今日にいたっている。むしろ日本のベンサム研究は経済学説史の研究者が中心なので、こうしたベンサムの現代性にはまったく焦点を当てることなく、ベンサム紹介がなされている。イギリスにおいても事情はそれほど変わらない。わずかに、ベンサムの同性愛論が「パウロではなくイエスを」("Not Paul but Jesus") という宗教論に関連して準備された時期もあったので、ベンサムの宗教論に言及した、ジェームズ・クリミンズの『世俗的功利主義』(*Secular utilitarianism: Social science and the critique of religion in the thought of Jeremy Bentham*, Oxford UP 1990) で言及されている程度で、「パウロではなくイエスを」を主題的に扱った本のなかにおいてさえ、まったくこの同性愛擁護論には言及されない。ベンサムの「同性愛擁護論」は、二〇一四年に『不規則な性について、そして性的道徳について』(*Of Sexual Irregularities and Other*

Writings on Sexual Morality）のタイトルで『ベンサム著作集』の一巻として刊行された。

「男色恐怖症」（homophobia）がイギリスの学者にはごろごろしている。日本においてベンサムの同性愛擁護論に言及したのは私が最初であると思うので、私はそれをむしろ名誉として、以後を書いていくことにしよう。

ウィリアム・ハズリットは、先にあげたベンサム評のなかで、ベンサムは「手稿」の作家（a kind of Manuscript auther）であると書いている。ベンサムは独自の速記文字を作って、書き続けた。ハズリットはこのことも指摘しているから、ベンサムは、在世中から、ひたすら書き続ける人間であることは知れ渡っていた。きわめて悪筆で訓練がないととても読み取ることはできない。ロンドン大学ユニヴァーシティ・カレッジの稀書図書館に膨大なベンサムの草稿が保存されていて、現在刊行中の『ベンサム著作集』は、この草稿をもとにして作られている。

クロンプトンによれば、ベンサムの「同性愛擁護論」の草稿は三つの時期に分けることができて、最初は二十六歳の時、そして三十七歳の時、最後は六十歳代のほとんどを費やして書いている。全体で三百枚に及ぶ草稿である。オグデンが公表したのは、一八一四年と一六年のもので、晩年の草稿である。クロンプトンが公表したのは一七八五年頃のものである。おそらく、一七八五年の草稿は出版をもくろんで書かれている。そこには、同性愛についての同時代の社会的評価である「嫌悪すべき」「忌まわしい」「非常識な」といった言葉が出てきて、ある程度の留保をしながら書いているからである。実際に、作家で同性愛者であったウィリアム・ベックフォードと共著で「同性愛論」を書く構想がベンサムにあったのだ。ベックフォードとは、一七八一年にベンサムがシェルバーンの夏の別荘であるバウウッドを訪問した時に、シェルバーンの政治的同盟者であったペンブローク卿の別荘で共に晩餐のテーブルについている。その夏にバウウッドに程近いフォントヒルでベックフォードの成人の祝いがあったのだ。

しかし、ベンサムはついに終生これを公刊することはなかった。没後の著作集にも公表されなかった。なぜか。ベンサムは恐れたからだ。

この問題について探求しようとすることは、自分の首の回りに縛り首の縄を巻くことである。このことになると人は自制心をなくして苛立ちをあからさまにする。人間性のうちに潜む残酷さと不寛容、もっとも嫌悪すべきもっとも有害な情念が、有徳の仮面の蔭に身を潜めているのである。

これは、クロンプトンの序文に引用されているベンサムのノートの一節である。事実、当時、「男色」は絞首刑であった。死刑から終身刑になったのは一八六一年である。十九世紀の初めにロムリーなどによる法改革運動で死刑が適用される犯罪は激減したが、それでも「男色」は依然として死刑であった。「同性愛」がイギリスで非犯罪化されたのは、実に一九六七年である。しかし、アメリカではいまだに州によっては同性愛は犯罪であり、犯罪でないまでも重大なスキャンダルとして政治家の政治生命を奪うことができるのだ。

ベンサムの「同性愛擁護論」は、まさしくこの法改革とむすびつき、「男色」の非犯罪化をめざすものであったのだから、ベンサムの意志はやっと二十世紀の半ばを過ぎて実現されたわけである。

なぜ人々は「男色」に対して不寛容であるのか。当時の新聞の記事には、「さらし刑」(pillory)についての記述がある。それは「男色」としてとらえられて死刑にならなくても、首枷を嵌められて「さらし台」に立たされるのだ。その日はまるでお祭りのようにロンドンの街には数千から一万人の見物人が繰り出してくる。そもそも十八世紀のヨーロッパにおいて死刑は見世物であった。フランス革命のギロチンだけではなく、日常のうちで死刑は公開され見世物になっていた。フランスで公開処刑があるといえば、イギリスからわざわざ出掛けて見物に行く者もいた。それを趣味にしている者もいて、有名であったのは下院議員でホーレス・ウォルポールの友人であったジョージ・セルウィンである(第4章)。下院議員といっても有名無実なもので五十年間の下院議員の間、ほとんど居眠りをしていて、それで有名であったが、かれの趣味が死刑見物だった。趣味がこうじて歯医者に行って歯を抜くときは、ギロチン台の人間がやるように、手に持ったハンカチを落とすのを合図にして歯を抜かせていた。同性愛者への「さらし刑」はたんなる見物ではなかった。それはまさしくリンチであった。群衆のなかでは、テームズ河から拾ってきた犬や猫の死体が売られていたが、それを「さらし台」にいる同性愛者に投げつけるのだ。それをやるのは、娼婦や魚売りの女行商人であった。社会の下層にいる者たちの抑圧された感情の対象になった。現代の歴史家E・P・トムスンが書いた「ラフ・ミュージック」の世界は、どんちゃん騒ぎのなかで子供や女たちが抑圧された感情を爆発させて、世間から非難される大人たちにからかいと暴力を働く。十八世紀においてそれは同性愛者に対して典型的に向けられ、二十世紀には文化大革命の紅衛兵がそれを示した。

この「さらし刑」では、石を投げたり殴打することも黙認されていた。顎は割られ、目は潰され、ほとんどが気を失って、首枷に首が締まって死んでしまう。死刑よりも残酷な実質的な死刑であった。外国人旅行者にはこのロンドンの民衆の残酷さは驚異とさえ映った。そう当時の新聞は伝え、不思議なことにベンサムもほとんど同じ記述を草稿でしているので、その新聞をベンサムは読んでいたのかもしれない。エドモンド・バークは、この「さらし刑」の残酷さを議会で告発したが、そのことよって独身者バークは、終生、政敵による同性愛者の嫌疑とゴシップ攻撃から逃れることができなかった。

ベンサムは、一八一四年のノートのなかで、この社会の興奮状態について、こう書いている。同性愛者へのもっとも激しい告発者にも、当然に、人間のもっとも堕落した不品行な行ないはあるだろう。かれらがもし自分を徳のある人間とするためには、この堕落を自己否定して、自分自身の利己心や反社会的情愛を抑圧し自ら自分を責め苛まなければならない。しかしそれはやりたくない。そうであるならば自分で対価を払うことなく、ただ、いわれなき非難の隊列に加わるだけで、堕落への告発者となり、有徳の人間になる方法がある。同性愛者への告発の隊列に加わるだけでいいのだ。


自分たちの反社会的情愛は棚に上げて、そこではかれらはいささかの個人的な不都合を感じることもなく他からは得られない震えるような満足を得ることができる。悪童が犬をいじめて得る楽しみや、育ちの悪い大人が犬をけしかけて牛を苛めて喜ぶ楽しみと、同じたぐいの楽しみを得ることができる。あるいは、イギリスの判事たちが犯罪者にみせしめの刑を命じて、取り囲んだ群衆によって犯罪者の顎が砕かれ眼が飛び出すのを許すのと同じ楽しみを得るであろう。

まさしくそれはケネス・バークが言う、社会的スケープゴート劇である。ベンサムは書いている。

これは或る種の生贄である。他のものとくらべたならば比較にならないほど安上がりな神との取引である。通常の場合には犠牲にされる快楽は自分自身のものであるのに、この場合は他人の快楽である。自分自身の肉を炙《あぶ》って、神と司祭の晩餐の食卓に供するのはものいりである。人間を捕まえてきてそれを炙るのであるならばただで済む。しかもいい見世物になる。

同性愛者を罰する根拠となったのは、それが「反自然的」であるという理由による。そもそも性的行為を生殖という目的に限定して、快楽のみを目的とすることをキリスト教が禁止しているのであるのだから、避妊が非難されたように、同性愛も当然に「反自然的」行為として禁止されたのだ。しかし、避妊に関しては、一八〇〇年に刊行されたマルサスの『人口論』を契機にして、産児制限運動が始まり、ベンサム派の一人であるフランシス・プレイシスが中心となって避妊を肯定する世論が少しずつ形成されていった。フランスでは既に使用されていた避妊具がイギリスに入ってきたのも、このプレイシスの運動を後押しした。以前からコンドームに似たものはあったが、むしろそれは性病を予防するためのものであり、避妊という要素は強くなかった。十九世紀に入って、はっきりと避妊を目的として「スポンジ」と言われた避妊具を普及しようとする運動が始まる。今の言葉でいえば生理用タンポンのようなものであった。J・S・ミルの最初の政治行動は、この産児制限運動で避妊を宣伝するチラシを配布したことであった。マルサスの『人口論』は、それだけで一つの社会思想史上のテーマにしてもいいほどに、多くの論争を生み出し、本も出版された。マルサスは、ゴドウィンの『正義論』への批判として『人口論』を書くのだが、それに反応したのはベンサムの周辺であり、またハズリットも一冊マルサスの人口論についての本を書いている。ゴドウィンからの反論もある。ゴドウィン側からは『ブラック・ドゥワーフ』という雑誌からマルサス批判が出てくる。その『ブラック・ドゥワーフ』に対して、若きJ・S・ミルは反論の筆をとり、詩人のトマス・ド・クインシーも人口論について書く、という具合であった。ベンサム自身は、「同性愛擁護論」の内容を、マルサスの『人口論』の発表を契機にして変化させている。なぜかといえば、同性愛批判の論点の一つに人類の未来の世代を生み出さなくする不妊の行為であるということがあったのだが、マルサスの主張は人類の最大の問題は人口爆発に食料生産が追いつかないというものであったので、このマルサスの人口論を受けて、それなら、不妊の同性愛こそこの人口爆発の制御装置である、とベンサムは論じることができたからである。マルサス以前にはベンサムはそういう言い方はしていなかった。もし不妊であることに同性愛を咎める根拠があるなら、生涯不犯の禁欲主義をとる聖職者こそ火あぶりの刑に処すべきであるとは書いていたが。

かほどに、避妊についての議論は社会的な広がりをもっていたのに、同性愛についての言論はまったく別であった。ベンサムは、同性愛論を発表できない。発表できないものを書き続けるベンサムの文章には、他の文章にはない熱気と活力がある。ベンサムが書いたもののなかで、おそらくこの「同性愛擁護論」とアダム・スミスを批判した「高利擁護論」とがもっとも精彩を放っている。

発表はできなかったが、ベンサムの公表された文章を読んでいると、それも主著とでも言うべき『道徳と立法の原理序説』のなかに、「同性愛擁護論」の文章が紛れ込んでいることに気づく。どちらがどちらへと確定することは困難であるので、むしろ並列された文章のなかで、ベンサムは二つのことを言っている。法律の原理的問題と同性愛擁護論である。それは次の部分である。まず、『道徳と立法の原理序説』から、その第二章の「功利性の原理に反する諸原理について」を見てみるといい。この章はそもそも禁欲主義批判から始まっている。快楽こそ善であり、禁止された快楽である同性愛はその禁止ゆえにさらに快楽が強いのだから是認されるべきと言って、あきらかな論理的矛盾を冒しても同性愛を擁護したベンサムにとって、禁欲主義は最大の敵であった。当然ながら法律原理論と同性愛擁護論との間には、言論の平行関係が成立しているが、より直接的な引用の関係を見ることができるのは、この第二章の一五節で共感の原理を批判しようとして書かれた注記である。

ここで趣味や意見の相違によって刑罰が課せられる場合があることを述べている。

共感と反感の原理は、きびしさという点でもっとも誤りを犯しやすい。その誤りとは、刑罰に値しない多くの場合に刑罰を科したり、ある刑罰に値する場合にも、それに値する以上に刑罰を科したりすることである。（中略）いろいろな問題についての趣味や意見の相違がその例である。

こう書いて、注記にジェームズ一世のことを引いている。

イギリス国王ジェームズ一世は、アリウス派に対して激しい反感を抱いていて、その二人を焚殺に処した。そのようなことで満足を得ることは、彼にとっては困難なことではなかった。当時の考え方がそのようなことに有利であった。

クロンプトンが公表した一七八五年頃の同性愛擁護論である「自己にそむく違反・男色」のなかで、ベンサムはこう言っている。

イギリスのジェームズ一世といえば、その残酷さもさることながら、弱さの方も特筆すべき人物であるが、彼はアナバプティストと呼ばれる人々に激しい嫌悪を抱いていた。その人々が宗教について彼と見解を異にしていたからである。理由はそんなところであったのに、時勢はジェームズ一世の憎しみを満足させる方に有利な状況だったので、彼は意のままにアナバプティストの一人を火あぶりの刑にすることができた。

この二つの文章は、明白に平行関係にある。オグデンが書いたように、ベンサムの「同性愛擁護論」つまり「同性愛の非犯罪化」は、ベンサムの刑法理論の「趣味に反する犯罪」の一部として書かれるはずであった。しかし、ベンサムは同じ文章でありながら、そこに「同性愛擁護論」のアイディアを示すことはできなかったのだ。

ベンサムは今あげた「自己にそむく違反・男色」の文章につづけて、こう書いている。

彼〔ジェームズ一世〕は煙草を吸うことを敵視していた。しかし時代の趨勢からして、アナバプティストを火あぶりにしたのと同じ言い訳と方法を使って喫煙者を火あぶりにするわけにいかなかったので、煙草反対の怒りに満ちた本を書くだけで諦めざるを得なかった。

公刊された『道徳と立法の原理序説』では、先にあげた注記につづけて、こう書く。

彼は激しい口調の「煙草反対論」を書いたが、煙草はウォルター・ローリーがそのすぐ前に紹介したものであった。当時の考え方がジェームズ一世に味方したならば、彼は再洗礼論者と煙草の煙を同じ火の中で焼いたことであろう。しかし、彼は、ローリーを別の罪によってではあるが、あとで死刑に処したことで満足したのである。

他にも、『道徳と立法の原理序説』を「同性愛擁護論」の変異体であるとみられる箇所がある。同性愛を「反自然的」であるとして犯罪にしてきたことは既に書いたが、『道徳と立法の原理序説』のやはり注記でこう書いている。「ある行為が不自然であるという理由でしばしば非難されるのは、反感の原理にもとづいている」。ここで、子供の遺棄のことが出てくる。オグデンが公表した一八一七年頃のベンサムの同性愛擁護論には、「反自然的」(unnatural)という罵りの言葉は、ただ当該の行為への不快の感情、非難の感情に根ざしていて、社会に対してどのような害悪があるのかという検討なしに使われていると言っている。そのあとに、やはり「嬰児殺し」のことが例に引かれる。

そして決定的には、クロンプトンが公表したエッセーの冒頭でベンサムはこう書いている。

いったい反自然的といわれている、これら性的趣味の通常ならざるもの(irregular)にいかなる犯罪の位置を与えられたらいいのであろうか。公共の論議がなされない時、それらを位置つけるべき場所を見いだすことはできない。この地上のどこにその場所があるのであろうか。私は何年もの間、できることであるならば今日すべてのヨーロッパ諸国が行なっている極刑によってこれらを罰する十分な根拠を発見したいと努力してきた。しかし功利性の原理に立つならばいかなる根拠も発見することができない。

こうして、ベンサムの公的な場所での法的言論のうちに、公表することができない隠された同性愛擁護の言論が平行関係に置かれていることはあきらかであろう。現代のうちに置いてみれば、この隠された言論の方がはるかに刺激的であるのは皮肉である。言論の人としてけっして野心を隠すことのなかったベンサムにしてみれば、「英語による最初の同性愛擁護論」とクロンプトンが言ったこの論文を絶対に公表したかったはずである。しかし、できなかった。十九世紀の社会でそれはベンサムの野心にとってむしろ障害になるものであったのだ。

それなら、積極的に、なぜ同性愛は犯罪ではないのか。それをベンサムは実に雄弁に、他のどんな文章におけるよりも見事なレトリックを駆使して言っている。

一八一八年のノートである。

テーブルの快楽の場合には、プロテスタントは禁じられた食物を食べてもけっしてそれを道徳の問題とはしなかった。人々は健康を害しない程度に過食を戒めながら口の喜びにつかえたのだ。プロテスタントもカトリックもこの非合法の快楽（同性愛）が実際にいかなる害になるかをたずねることもなく古くからの禁制に従ったのである。

食卓には法が介入することがないのに、なぜベッドには介入するのか。今日でいえば、なぜ寝室に捜査官が入ることを認めるのか、という法とプライバシーの問題になるだろう。ベンサムははっきりと、他人に害をおよぼさないかぎりは、自分のことは自分が立法者であると言っている。それは「趣味」の領域であって、生肉を食べるか焼いた肉を好むかは、食べる人間の選択であるが、生肉を食べることを気持ちが悪いという好悪の感情があったとしても、それを犯罪とすることはできない。同性愛もそれと同じである。ベンサムはもちろん目的である刑法改革を念頭に起きながら、一八一六年のノートであざやかに次のように言う。

度合いからいえばはるかに重要ではない問題について、意見の相違ではなくただ趣味の相違を理由にして、火あぶりと縛り首の違いこそあれ、同じ人間がどう考えても弁解のきかない喜悦をもって仲間や同胞がこうむる刑罰を見物するとはなんたることか。宗教上の異端を理由としているのか。否、趣味の異端者にすぎない。まったく結構な理由である。

全体のバランスを逸してまで、私はベンサムの「同性愛擁護論」にこだわっているかもしれない。だが、少なくとも「哲学の歴史」のうちでベンサムの「同性愛擁護論」にベンサム研究者が言及してこなかったことを思い起こすと、今こそ「哲学の歴史」のなかに、ベンサムが功利主義者であると同時に、英語によって同性愛擁護論を書いた最初の哲学者としてはっきりと記録されるべきであると思う。というより、ベンサムが公刊した著書の多くは、公表することができなかった「同性愛擁護論」の異稿でありヴァリアントであったと言ってもいいのだ。すでにそのことは、ベンサムの主著である『道徳と立法の原理序説』がそうであったことを述べた。

この変異体としてのベンサムの言論系をあらわしているものに、ベンサムがもっとも成功し、ハズリットが称賛した『高利擁護論』がある。

この『高利擁護論』は、一七八七年に出版されて、ベンサムがロンドン文壇に地歩を築くものとなった論文である。アダム・スミスが利子の制限を行なうことを提案していることを批判したもので、そこには、既に書き始められている「同性愛擁護論」との言語的相関状態があらわれている。利子の制限に反対して、ベンサムはこう書いている。

成年に達して健全な判断力があり、自主的に行動でき、洞察力がそなわっているのであれば、自分の利益を見込んだうえで、自分自身適切と思える利率で金を借りる取引をすることはけっして妨げられてはならない。その必然の帰結として、いかなる者といえども、借り主が適切であると思って同意した条件で、金を融資することは妨げられてはならない。

それは、アダム・スミスの自由経済論が当然の結論とすべきことで、スミスが利子についてだけ自由を認めないのは理論的矛盾である、と言うのだ。

さらにベンサムは、「高利」に対しての批判があるのは、金を貸すことに対しての悪感情があるからだと言う。同性愛と同様に、ここに共感と反感の原理が働いている。それはどんな反感の原理かといえば、「ユダヤ人のように振る舞ったからである」。

つまり、利子を制限して、そこに道徳的な意味を見いだすのは、ユダヤ人のように振る舞う者への反感である。ベンサムははっきりとそう考えた。むしろ、新しい企業を起こそうとする者にとって、たとえ高利のリスクがあったとしても、融資を受けることの方に利益がある。借りる側と貸す側との合意に立って、成人したものが行なうことに、どうして法が介入する必要があるのか。それがベンサムの自由の原則であった。そしてもはやあきらかなように、この原則こそ「同性愛擁護論」の中心であった。現在の「サラ金」問題などを考えれば、ベンサムの言うことには留保がいるだろう。だが、ベンサムの言いたいのは、イノヴェーション（ベンサムは「革新」〔novelity〕と言っている）を行なおうとする起業家が金融市場から資金を集めることこそ、産業の独占を破っていくのだということである。たとえそこで倒れる者があったとしても、その倒れた者が溝を埋めた上を進んでいくのが、産業社会の発展なのだとさえ、ベンサムは言っている。

それだけではない。むしろベンサムの激しい感情は、この「利子」というものを道徳的に批判したスミスへの反発のうちに生まれている。ベンサムの祖父は質屋であった。質屋が社会的に差別されていたことは社会経済史があきらかにしている。ベンサム自身も、自分で働くことはなく、相続した家作を持っていて、いわば利子生活者であった。スミスの「利子」への道義的批判は、ベンサムへの人格批判に等しい。ベンサムはそう思ったにちがいない。シャイロックのかたわらにベンサムは立っているのだ。

直接に「同性愛擁護論」にかかわるのは、アリストテレスの貨幣論への批判においてである。アリストテレスは貨幣は不妊であると言った。それは生産にかかわらない。ベンサムはアリストテレスを批判して、金は確かに生産はしないが、金を借りて一匹の牡羊と二匹の雌羊を買って一緒にしておけば、二匹の小羊が生まれるという。つまり金はけっして不妊ではない。

まさしく、これは「同性愛擁護論」の別ヴァージョンである。「同性愛」批判の一つの理由が、不妊の性であるとされていたことにベンサムは言及していた。ベンサムは、マルサスの『人口論』が発表される以前の段階では、子供を作ることだけが目的であるならば、男色を排除しなくても人類は維持することができるといい、マルサス以後は、不妊の性である同性愛こそ、人口問題の解決の方法であると書いたのだ。

経済学と同性愛擁護論の、二つの言論系のうちには、ベンサムの自由の思想が生まれている。成人した人間同士の合意に基づくものであるならば、それがなんら他人に害を及ぼさないかぎりは、法は介入すべきではない。

このベンサムの自由論こそ、J・S・ミルがその『自由論』の根幹にすえた「他者被害の原則」による自由の概念であった。ミルが、当時もっとも忌み嫌われたモルモン教徒の一夫多妻制を擁護して、合意のもとに行なわれていて、それが他者になんら被害を及ぼさないものであるならば、どんなに嫌悪すべきことであろうと、それを非難する理由はないと言った時、当然に、ベンサムのもっとも近くにいて同性愛擁護論の存在を知っていたミルにとって、ベンサムの自由の概念は近いものであった。しかもどちらも性についての言論系であった。ここにベンサムとミルとの相関を考えることに躊躇があるはずがない。

経済学と同性愛論。この二つの言論系の相関は、ベンサムという思想家の人生そのものにかかわっている。ベンサムは質屋の子孫であり、利子生活者であって、不妊の性を生きる生涯の独身者であった。だから、同性愛擁護論を読む時、私はそこにベンサムの思想家としての人生そのものを読む思いがする。生涯をつらぬいて、公表できないことを覚悟して書き続けた同性愛擁護論とはいったい何であったのか。それはベンサム自身の肖像でもあり、公表できなかったからこそ未来へのメッセージでもある。それが公表され、さらにイギリスにおいて同性愛が非犯罪化されるのは、二十世紀の半ばを過ぎてからであった。

このことを無視して、「同性愛擁護論」について言及してこなかったベンサム研究とはいったい何であったのか（嘆息）。

パノプチコン――一望監視装置論

ベンサムが現代に新しい視点で甦ったのは、間違いなくミシェル・フーコーの『監視と刑罰』による。フーコーは、ベンサムの監獄・懲治施設プランの「パノプチコン」を、現代権力の原型であり究極の体現であるとしたのだ。さらに、「9・11」の世界貿易センターへの航空機テロ以後の監視社会の登場は、パノプチコンを現代監視社会のモデルとした。

ベンサムがこの監獄・懲治施設プランを弟のサミュエル・ベンサムとともにデザインしたのは、ロシアにおいてであった。一七八五年から一七八八年までの約三年の間、ベンサムは、弟とともにロシアにいた。このロシアからの書簡という形で、先に述べた『高利擁護論』と『パノプチコン論』とが書かれたのだ。サミュエルは造船技師としてエカテリーナ女帝のもとにいた。エカテリーナの寵臣であったポチョムキンの顧問のような形であった。ロシアではサミュエルが中心で、ジェレミー・ベンサムはサミュエルの寄食者に等しかった。

この『パノプチコン論』が出版されたのは、一七九一年のことで、アイルランドとイギリスで出版された。本の表紙にはこう書かれていた。

パノプチコン様式の監視建築――いかなる施設であれ、人間が監視下に置かれる場合に適用される新しい建設の原理。特に、懲治監、監獄、工場、労役所、貧民収容所、作業所、精神病院、癩病院、病院、学校。……

この本の冒頭には、建築家ウィリー・レヴェリーが提案した、「慈愛」「正義」「監視」の文字が三辺を構成する三角形の真ん中に眼球を描いたマークが記されていた。このマークは明らかにフリーメーソンのマークであるが、事実、サミュエル・ベンサムはロシアにチャンスを求めて渡る時、友人のアドバイスに従ってフリーメーソンに入会していたはずである。

ベンサムは、このパノプチコン・プランの実現に精力を傾けたが、結局そのプランはイギリスにおいても、また期待していたアイルランドにおいても実現することはなかった。その実現にむけて、当時首相の地位にあったウィリアム・ピットに宛てた手紙は、パノプチコンをもっとも的確に要約するものとなっている。

円形建築――周囲は独房。看守、中央監視所。独房と監視所の間は上から下まで吹き抜け、ドームの天井は通常は開けられて明かり取りになっている。吹き抜け部分は堀の役割を果たして、監視所を防御することに役立ち、換気口になる。独房は吹き抜けに向かって鉄格子で開かれている。

ハズリットは、この独房の円形監獄パノプチコンを「ガラスの蜜蜂の巣」となんとも文学的に表現をしているが、独房であることには実は監獄改革の意味があった。当時は監獄改良運動で有名になったジョン・ハワードがいて、ベンサムも面識があった。ハワードが目にしたイギリスの監獄の姿は、不衛生で多くの囚人を狭い牢屋に押し込んだ雑居房に象徴されていた。独房というスタイルには、この雑居房での生活から囚人を解放するという意味があったのだ。

さらにベンサムは続ける。

ブラインドと他の工夫によって、中央監視所の看守は囚人の眼からは隠されている。看守の存在を示した方がいい場合以外は。隠されていることによって、囚人の側には、常に不可視の偏在（uninvisible omnipresence）にさらされているという感覚が生まれる。全体は中央から少し動くだけで、必要ならまったく動くことなく見通すことができる。

まさしく、このアイディアのなかには、現代の監視社会のあり方があますことなく示されている。道路や街頭に設置されたテレビ・カメラによる監視から始まって、アメリカ映画が描くような宇宙衛星による監視、あるいは日常の行動がカード情報の蓄積で調査可能となったり、偏在する神のように、監視手段があらゆる場所にあって、われわれを監視している。むしろ人々はその監視を前提にして行動するようになり、フーコーがいう規律を自ら自分に科すようになる。かつて筒井康隆が描いた世界が現実のものになった。筒井康隆の作品のなかで、人々はテレビで監視されているので、いつしか人々はテレビを前提にして演技するようになるのだ。それはわれわれがエレベーターの監視カメラに向かって手を振ったりするのと同じである。もはやプライバシーはありえなくなる。

ベンサムのパノプチコンの深刻さは、それがただ監獄として構想されたのではなく、工場や学校を含む、あらゆる集団生活の場所のために構想されたことである。そして事実、ベンサムのパノプチコン構想は、ベンサムの時代には実現されることはなかったが、現代の社会において、あまねく実現されたのだ。

この現代の監視社会を批判した、ジョージ・オーウェルやオルダス・ハクスリーは、けっしてベンサムのパノプチコンを忘れることはなかった。ハクスリーは『監獄論』（一九四九年）のなかで、パノプチコンとピラネージの「幻想の監獄」とを比較しながら書いているが、はっきりとベンサムのパノプチコンがいかに現代へとつながり、ナチスの強制収容所に重なるかをフーコーに先駆けて描いている。

現代において、全ての効率的なオフィス、全ての近代工場はパノプチコンによる監獄である。そこでは労働者は機械のなかに閉じ込められているという意識から逃れることはできない。

産業であれ行政であれ、パノプチコンのなかにいることの本当の恐怖は、人間が機械になってしまうことの恐怖なのではない（もしそうなることができるのであるならば、人間は監獄のなかで完全に幸福でいられるだろう）、そうではなく、恐怖はまさしく人間は機械ではなく、自由を愛する動物であり、規格にはまらない精神であり、神のような魂であることのうちに生まれるのだ。自分が機械に従属していて、専横で非人間的なシステムのおよそ無意味なトンネルのなかで生きることを余儀なくされているのをよく自覚しているのである。

ハクスリーの現代批判は、ベンサムのパノプチコン批判としても成立している。パノプチコンは、ハズリットが言ったように「ガラス細工の蜜蜂の巣」とも言うことができて、それは均質的空間の機能的な美しささえも持つかもしれない。しかし、そのなかで、人間は葛藤から逃れることはできない。人間はこの空間の一部になることはできない。人間は自由であるからだ。

ベンサムは、そうは考えなかった。ベンサムの関心は、不衛生な雑居房から囚人を解放するという善意に発していたように、工場や学校を、整然として清潔が保たれた空間へと変えることであった。そこに規律があり、監視されているという意識が自発的な服従へと導くという願望があった。犯罪が起きるよりも起きる前に予防する、というのがベンサムの刑事政策であった。それが人間の自由をいかに無視しているかをベンサムは考えない。あくまでも、社会の技師として、暗さのない光にあふれた、隠れ場のない清潔な社会。ナチスの世界と同じだとハクスリーが考えたとしても、そこに無理はない。そして現代は、けっしてナチズムではなくても、このパノプチコンを現代の監視の方法として選択しているのだ。きわめて効率的に、監視者がいなくても人々は監視されているという意識のもとで自己規律を科して、犯罪に手を染めることはない。そう考えたのだ。

われわれの社会は、そうした意味では、ベンサムの子孫であり、パノプチコンの継承者である。

解剖台の上の哲学者

哲学史に登場する哲学者と称する者たちのなかで、ミイラになって自分の姿を残したのは、ジェレミー・ベンサムただ一人だろう。ベンサムが当時もそれからも「奇人」とされた理由の一つはここにある。ベンサムはそれを「オート・イコン」(auto-icon) と言っていた。私が見たのは、二十五年ほど前のことで、当時は、ロンドン大学ユニヴァーシティ・カレッジの図書館の二階に置いてあった。電話ボックス程度の大きさの箱に入っていて、普段は閉じていることが多かったが、別段注目される場所にあるというわけでもなかった。幅広のストロー・ハットを被っていて、長い杖を持ち長い靴下をズボンにかぶせて履いていた。この恰好で庭を散歩していたことを、ハズリットがベンサム在世中に書いているので、ベンサムのお決まりの服装であったにちがいない。いつも同じ恰好で歩く、それがベンサムの晩年であった。ただし、顔の部分だけはイギリスの職人芸である蝋人形で、当時から良く似ているという評価であった。

だが、このことは奇妙なエピソードにとどまるが、その前に、ベンサムが遺体の公開解剖を遺書において希望したことは、歴史的な意味がある。

この解剖への献体の意志は、ベンサム二十一歳の時に書かれた遺書のなかにあった。

人類が私の死によってわずかでも何らかの利益を得ることができることを心から希望する。

生ある時も、そのことに貢献する小さな機会をもちつづけながら。

この意志は、八十四歳で没するまで維持され、その解剖は、友人の医師サウスウッド・スミスに委ねられた。しかもそれは公開解剖であった。その招待状は以下のごとくであった。

各位

故ジェレミー・ベンサムのたっての願望は、人間の骨格の構造と機能を例証するためにその肉体が役立てられることでありました。この願望にこたえて、サウスウッド・スミス博士は、ベンサムの遺体を解剖して、こうした知識が共同体にとっていかに有用であるかを講義いたします。講義は明日三時より、ウェッブ・ストリートにある、ウェッブ・ストリート解剖・医学校において行なわれます。貴下のご臨席の栄誉をたまわりたく、また希望する者があればお二人までご友人をお連れくださりたく、お願い申し上げます。

一八三二年六月八日　金曜日

サウスウッド・スミスは、先にあげたベンサム二十一歳の遺書から引用した部分を、公開解剖の場で読み上げた。

この持続する意志は、医学と人類に貢献したいという願望に発していた。ベンサムの時代、解剖は殺人犯に対する加重的な刑罰であった。一七五二年の殺人犯条例によって解剖は絞首刑よりも重い刑罰として、すべての殺人犯に強制されていた。解剖は刑罰であって、医学との関係が絶たれていた。それは社会的恐怖でもあった。ベンサムは、サウスウッド・スミスとともに、「功利性を増大させるものとしての解剖」という理念のもとに、解剖への理解を得る活動を行なっていた。そして、自らの肉体をそのために捧げたのだ。

肉体を切り開くということは、ただ解剖の問題にとどまることなく、ベンサムの思想活動全体にまで広がることがらである。ベンサムは、いわば、歴史と慣習、言語と法律と社会の観念、といった厚い肉体を切り開いて、そこに渦巻いている権力の欲望や人間の感情、そして共感と反感の生理を暴露して、かれが計測可能と考えた功利計算にもとづく社会組織と関係を構想したのだ。

このことをはっきりと指摘したのは、ケネス・バークの『動機の修辞学』（一九五〇年）のなかの「ベンサムにおける修辞学的分析」の章である。

バークは、ベンサムの『フィクションの理論』『行為の動機の表』『誤謬論』に注目する。ベンサムのフィクション論は、オグデンの手によって世に知られるようになった。オグデンは、ファイヒンガーの『かのようにの哲学』英訳版を自らが編集する叢書の一巻に加えたように、人間が虚構を生み出す存在であり、そのうちには言語というものによってのみ存在する虚構があって、それが言語の魔術と化して、人間を不幸に導くと考えていた。ベンサムもそうであった。ベンサムは、人間の世界を、現実的実在（real entity）と擬制的実在（fictitious entity）とに区分していた。現実的実在とは五感によって感じ取れるものであり、擬制的実在とは、想像によって作られ、言語によってのみ存在するもの、論述のために作られた存在で、現実的存在のように考えられる存在である。

フランス革命の人権宣言への批判も、この文脈のなかで行なわれている。「権利」とは法律によってかくかくのことをすることができると決定されて、それはなにかをしなければならないという義務によって支えられているのに、あたかも神から降ってくるものであるかのように考えるのは擬制に他ならない。また法的義務というものも、「なんらかの行為をすべしという法的義務は、その行為を遂行した場合には、その人はなんらの苦痛も受けず、しなかった場合には、なんらかの苦痛を受けるであろう、という限りにおいて人間に課せられる」とした。

言語には、それがどのように使われているのかという「問いかけ」が必要であり、「用法の辞書」がいつも付属していなければならない。

バークは、この発想のうちに「暴露」(debunking) の修辞学を見るのだ。言語の背後にいったいどんな行為が具体的に意図されているのかを暴いて、言語が崇高な意味を獲得することを回避しようとする意志である。

バークが引用しているベンサムの言葉の一つに次のものがある。

> 王たちに代わって王冠と玉座が。聖職者に代わって教会、時には祭壇が。法律家たちに代わって法律が。裁判官たちに代わって法廷が。資産家や金持ちに代わって所有権が。

この実際に存在する現実的実在に代わって、呪物や言語のみによって存在する擬制的実在への転換が行なわれる。なぜそれが行なわれるのか。ベンサムは、ここに「寓意の偶像」（allegorical idol）があらわれると言う。つまり、忌み嫌われている存在が、呪物や言語によって崇高な対象へと作り替えられていく。それはファントーム（幻影）である。

言語こそ、人間の欲望や利害、権力の意志をさまざまに装飾して美化し、人々をまどわすものなのだ。ベンサムはその意味で真の偶像破壊者であった。たとえば、『行為の動機の表』という本のなかで、一四のトピックをあげて、それぞれのトピックごとに言語的表現がどれだけあるかを枚挙している。表現は「肯定的表現」「否定的表現」「中立的表現」に三分割されている。一つの事柄が、言語によってある場合には肯定的になり、またある場合には否定的になる。重要なのは中立的表現である。「金銭」というトピックならば、肯定的には「質素」ということなり、否定的には「けち」となる。中立的には、生活財への欲求、とか、社会的地位を守ることへの欲求、と言うべきである、とベンサムは書いている。

同性愛者への処罰と同じで、「肯定」と「否定」の表現のうちに動いているのは、人間の主観的評価や感情であって、それがどのように社会の利害とかかわっているのかという判断ではない。実際、ベンサムはこの一四のトピックのうちに「性」も置いているが、そこにあるのは否定的表現のみで、肯定的表現は「ノン」、つまりベンサムの時代のうちにまったく発見することはできなかった。

ベンサムは、言語の魔術や言語のイメージから影響を受けないコミニケーションの世界を、言い方を変えれば妄想したのだ。そんなものはありうるはずはない。だから、ケネス・バークはこう言って、ベンサムへの最大の評価を行なった。

説得の学（the study of persuation）へのベンサムの貢献は、ベンサムのあずかり知らぬことである。イメージの働きからまったく影響を受けないような議論の仕方をおし進めようと試みた時、いかにわれわれの思考が深くイメージによっておおわれているかをベンサムは暴いてしまったのだ。

バークは、もしギリシア人がベンサムを読んだならば、ベンサムを修辞学者と呼ぶだろうと書いている。想像力によって作られたものがいかに人間を支配しているかを暴く修辞学者である。

だが、ここまでのバークや私の理解は、啓蒙的経験論の枠のなかでのベンサム理解である、と言ったのは、現代のラカン派の批評家スラヴォイ・ジジェクである。かれの書いた『否定的なもののもとへの滞留』（*Tarrying with the negative*,1993. 酒井隆史・田崎英明訳、ちくま学芸文庫、二〇〇六年）のなかの第三章「根源的〈悪〉と関連する事柄」の冒頭に置かれた「カントとベンサム」である。ケネス・バーク、ミシェル・フーコーに次いで、現代のベンサム論としてもっとも刺激的なのは、このジジェックのベンサム論である。ラカンがベンサムの「フィクション論」のことを問題にしているのを私が知ったのも、この本によってであった。ジジェクは、ラカンの「カントとサド」にならって、「カントとベンサム」を書いた。

ジジェクが指摘するのは、ベンサムはひたすら「擬制的実在」を現実的実在に還元しようと執着したが、同時に、言語はフィクションなしには成立しえないことにも気づいていたことである。それは、ベンサムが、「擬制的実在」と「想像的（物語的）非実在」（imaginary〔fabulous〕nonentity）とを区別する時にあきらかになる。擬制的実在とは「法的義務」とか「契約」といったものである。想像的実在とは、一角獣とか金の山といったものである。擬制的実在である、契約、法人格、といったものは、用法の定義が必要なものであり、「術語の辞書」が必要な言葉である。しかし、法的な関係はそれなくしてはやっていけない。「水が流れている」から「水の流れ」という擬制的実在が生まれ、「テーブルは重い」から「テーブルの重さ」というものが生まれる。「果物が熟している」ということから「熟成」という言葉が生まれる。法律の擬制的実在なしには、法的議論が不可能であるように、こうしたフィクションなしには、言語は言葉としてコミュニケーションとして機能しない。一角獣という想像によってのみ存在するものと、言語が事物のなかの一つの過程を実体化して擬制を生み出すこととは異なる。言語はフィクションなしにはやっていけない。だからベンサムはフィクションを「すべての言語において、言説として機能するためには、それが実在するものとして語られなければならないような類の対象」であると言ったのだ。つまり、「ベンサムはわれわれがフェティシズム的な分裂（「私はフィクションが現実ではないことを知っているにもかかわらず私はそれがあたかも現実の対象であるかのように語る」）なしでやっていけるというような思い違いとは無縁なほどに明敏であった」と、ジジェックは書く。

ジジェクは、ここでラカンの「象徴的なもの」と「想像的なもの」との区別に先駆けるベンサムを発見するのだ。そしてラカン自身が、ベンサムのフィクション論を評価して、ベンサムは真理はフィクションの構造を持つということを理解した最初の人であった、と主張した（ラカンのセミナー「精神分析の倫理」）ことに言及する。

ベンサムの同時代人であったバズリットから出発したこの論文は、こうして、ラカンにまで到着した。それは、リアルなもの、底の底にあるものは何なのかを問いかけて、社会を、身体を、言語を切開したベンサムが、リアルなものに到達しようとして、やはり象徴的なものに絡めとられている現実を発見するプロセスであった。公開解剖され切り開かれたベンサムの身体が、ミイラとしてもう一度縫合され一つの像となった時、ベンサムは「オート・イコン」のうちで、リアルな身体から撤退して、ベンサムという名前を持ち作品の歴史を持ったフィクショナルな実在となったのだ。

第6章　ベンサムの同性愛論への注釈――ホックニーとベンサム

一九八八年の同性愛

一九八八年三月六日付の『サンデー・タイムズ』に、「現存するもっとも著名な英国の芸術家」デイヴィッド・ホックニーが『サンデー・タイムズ』編集部宛てに書いた手紙の要約が掲載されている。この手紙は、結局のところ四日後の三月十日にイギリス下院で二五四対二〇一で承認されることになった地方自治体条例二九条に抗議して、その秋の十月に予定されていたテームズ河畔のテート・ギャラリーでのホックニーの回顧展をキャンセルするというものである。

この地方自治体条例二九条というのは、地方自治体が意図して同性愛を助長することを禁止する、という内容で、上院の審議によって「意図して」という言葉がいれられはしたが露骨な同性愛差別法案であった。

この法案が実際にどんな効果をねらっているかははっきりしている。たとえば公立の図書館やブックセンターでの同性愛をテーマとする書籍、ヴィデオなどの展示、販売を禁止する。同性愛にかかわる演劇、音楽などを自治体主催のイベントから排除し自治体が運営する建物の使用を禁止する。そしておそらくいちばんのねらいは、自治体の基金による援助を、同性愛をなんらかのかたちでテーマとする芸術活動にたいしては禁止することである。

同性愛がイギリスで合法化されたのは一九六七年である。それにしてもこれほど露骨な差別法案が成立するとは、いまさらながらイギリスという社会の歴史的心性を見るおもいがする。

これに抗議して二十人ほどの女性同性愛グループを中心にした集団が、同年二月二日にこの条例を審議中の上院会議場にロープをつかって侵入するという事件があった。このグループに傍聴許可のサインをした労働党所属の上院議員モンクウェルは弁明の演説のなかで、「私はこの示威行動を非難しようとも大目に見ようともおもわない。しかし二八条のことを考えれば起こるべくして起こったことであると信じる」と言って労働党をふくめた議員の非難をあびた。二八条とは「意図して」という言葉がいれられる以前の法案である。さらにモンクウェルはこうも言った。「私は十二歳の少女がこの二八条について言った言葉を引用して終えたい。この条例はまさしくドイツ人がユダヤ人にたいして行なったことと同じである」。

十二歳の少女の言葉を引用するような政治家は、なにかといえば子供たちの目は澄んでいましたとしかいわない政治家のたぐいで、あまり上等ではない。事実『ザ・タイムズ』はこの発言を、一身上の弁明をする演説で法案を批判し、それが上院の慣行に反するものであるとして批判しているけれども、この地方自治体条例二九条がサッチャー政権のアナクロニズムを剔きだしにしたものであったことだけはおおいがたい。

しかしこのアナクロニズムはひとりサッチャーのものではない。深くイギリスの社会にはびこるものである。たとえば労働党の左派グループのリーダーとしてブルーカラーの大衆的人気を一身にあつめている下院議員のトニー・ベンは、この法案へのコメントで同性愛を「精神病理的病い」以外のなにものでもないと言っている。それは左翼主義が時として社会道義をふりかざした告発者となって登場するいい例であるばかりではなく、「大衆」とともに生きる政治家トニー・ベンの嗅覚がそこにはたらいている。もちろん労働党下院議員の多くはクリストファー・スミスのコメントに代表されていて、この条例が反民主主義的で自由と寛容のイギリス的伝統に反しているとしたのである。表現の自由と寛容の伝統をふみにじる。それはエイズ・パニックによって迫害をうけている同性愛者の市民的自由を否定するものである。これが労働党の反対演説の趣旨であった。

しかし、もしこの条例が承認されたならば、十月のテート・ギャラリーでの回顧展はキャンセルするというホックニーの挑戦は、サッチャーによって無視されたのだ。

確かにホックニーの挑戦はむなしく終わった。しかし、彼の手紙は政治の言葉によっては語ることのできないこの問題の奥行きをしめしている。その言葉の脈絡を追っていくと、同性愛者の市民的自由という事柄にけっしてとどまることのない、システムと「私」の領分をめぐる長い歴史をもった葛藤があらわれていて、ホックニーをふくむゲイ・ムーヴメントの主張は、システムと法のもとでだんだんと痩せ細っていく「私」の領分をけっしてゆずりわたさないためのものであることがわかる。

『サンデー・タイムズ』の編集部に送られたホックニーの手紙は五枚のシートに書かれていた。編集部がそれを短くまとめて掲載しているのでホックニーの文章そのものとはいいがたいかもしれないけれど、コヴェントガーデン・オペラハウスでのロイヤル・バレエの新作を飾るパステルカラーの巨大で美しい背景を描き、リージェント・ストリートにならぶブティックの店員からロンドン最大のショッピングセンターであるブレントクロス・ショッピングセンターでパートタイムで働くレジのおばさんにいたるまで、誰ひとりとして知らないもののいない、ロンドンでもっともポピュラーな画家からは想像できない激しい言葉である。

社会の乳母たちへ、ホックニーの手紙

ホックニーの手紙は一九六〇年の夏の記憶から始まる。

ホックニーはその夏、ブラッドフォードの公立図書館に出かけた。そして、カタログでギリシアの詩人コンスタンティノス・カヴァフィの項目を調べた。カードにカヴァフィはのっていて、『全詩集』があるとしてあったがそこには注記があって、その本は棚にはおかれていないので希望者は貸出しを申し出るようにと書かれていた。

ホックニーはその詩集を何週間も借り出してその虜になってしまった。そしてなぜこの本が隠されているのかを考え、そこにはギリシア的エロスを、プラトン的愛を、人々の眼から隠そうとする意図があると思い至った。ホックニーはその意図を激しく嫌悪した。図書館員はそれで傷つく無垢なる者たちを守ろうとしたわけだ。Nanny England——おせっかいやきの乳母《ナニー》のイングランド。

ナニー・イングランドは私にとって忌むべきよこしまなるものであった。それは私が見たように、私の精神の祖を否定していたのだ。

ホックニーは酒類販売免許法が酒の販売時間を規制していることも知った。イングランドの精神の貧しさ。そこにはなににでも首を突っこんで、自分たち以外はすべて子供であるかのように口うるさく指示するナニー・イングランドがいるのだ。

どんなに不満をならべてもイングランドはなにも変わらない。ホックニーは自分の好きなところで生活するというイギリス人固有の権利にしたがってアメリカに行った。

乳母はけっして家をあけたりはしない。アメリカまではやってこない。自分自身のことは自分でコントロールしたかった。しっかりと自分自身でありたかった。

二九条はナニー・イングランドそのものである。しかしホックニーはこのナニーを冷笑して、現代のテクノロジーがナニー・システムを崩壊させるにちがいないと言う。ファクシミリやコピーが進歩して電話によってヴィデオが送れるようにさえなることが近い時、ナニー・システムは個人のあいだを結ぶプライベート・メディアのネットワークによって無力化されてしまうという。

ホックニーの手紙はこう閉じられる。

カヴァフィの詩を題材にしたエッチングの画集を私はつくった。ブラッドフォード図書館にも一冊送ってある。それはいまもインデックスのカードには記載されてあっても本棚にはならべられてはいないだろう。それは私を憂鬱にさせる。そして私はそのことを嫌悪する。

この条例が施行された場合、処罰をおそれる公立図書館や美術館の犠牲者にまっさきになるのは同性愛を公言しているホックニーであろう、と『サンデー・タイムズ』は予想している。

ホックニーがいうように、はたしてナニー・システムをハイテック・プライベート・メディアが無力化できるかは疑わしい。むしろこの条例によっていちばんおおきな影響をうけるのはそうしたプライベート・メディアにはのらない演劇のような領域であるはずで、公演場所がきわめて制限されるであろうことは目に見えている。空間を管理する者たちほどナニー・システムの信奉者が多いのはどこでもおなじである。ましてやこのような条例ができればその結果ははっきりとしている。

きわめて象徴的なことには、この二九条が審議中の一月二十六日にロンドンで「エイズ・サミット」がひらかれていた。新聞論調は冷静に抑制された報道をしているけれども、『ザ・タイムズ』の挿絵はかなり刺激的である。おおぜいの男女が手をつないでダンスを踊っているなかにひとりだけフードをかぶって顔を隠した骸骨がまじっている。サッチャーの長年の懸案は地方自治体を中央政府の管理下に組みこむことであった。その絶好のチャンスにこうした挿絵に代表される潜在的恐怖を利用したことはあきらかである。政治はいつでもなにかおぞましきものをつくりあげることで目的を達成する。ナニー・システムの中心にはスケープゴートが必要なのだ。

現代の政治のレトリックをささえているものはこのナニー・システムである。福祉とか健康というものを看板にして、法と社会がおせっかいやきの乳母のようにして登場してきていることは、イギリスだけにかぎらない、どこにでもおきている現象である。しかもこの乳母たちは、いつのまにかこの看板の方はどうでもよくなってあれこれと指図して、システムの管理技術にたけていくことに喜びを見出すようになる。

ホックニーの手紙のいちばんの中心は、このナニー・システムにたいして「私」の領分を主張することである。自分のことは自分でコントロールしたい。そうホックニーが言う時、それは社会システムや法のシステムが組み込むことのできない領分があるということを意味している。社会システムがそこで統合される点となって、関係のうちに生きる「個人」とはまたちがう、むしろシステムがけっしてはいりこむことのない「私」の領分を指示することでもある。しかしその領分はこころのうちや塀によってかこまれた家のなかにひきこもっているのでないことはいうまでもなくて、行動と表現となってシステムの場そのもののうちにあらわれるものである。

同性愛とシステムが交差すると、社会の乳母たちはとたんにヒステリックになる。その時ナニー・システムがひっぱりだす人質は教育であり子供である。

ホックニーは『サンデー・タイムズ』の記者とのインタヴューで「同性愛を助長できるなどといった考えはあきらかに馬鹿げている。地方自治体や親が望もうと望むまいと十六歳か十七歳になれば同性愛というものに気がつきはじめるのだ」と言っている。このホックニーの発言の背後には同性愛をめぐる伝統的な議論がある。同性愛を「反自然的」欲望とするヨーロッパの神学からすれば、同性愛は「助長」されなければ生まれないものである。

このことについてはあとでも言及するとして、ちょっとくどいようだが断わっておくと、ホックニーがナニーを拒絶することで自分の領分を主張し、自分でコントロールしたいとしているものは、システムからのアジール（闇――隠れ場所）ではない。むしろその領分は日常そのものである。社会の乳母たちが口うるさく介入してくるのも、それが日常そのもののうちにあらわれてくるからである。つまり社会から排除され否定されることによって、その場所が定まるものではない。そこには、光と闇といった、あるいは内部と外部というような、システムを二元化してその対立のなかでアイデンティティを確かめる、ドラマチックなロマン主義はない。この二元化された世界で「私」について考えると、なにもかもが秘密クラブの行為か自己破壊の祝祭になってしまう。密室のなかの「私」というものも当然あるとしても、ここでホックニーがナニー・システムを攻撃する時には「私」の領分もまたシステムの場所にあらわれていて、むしろシステムとか法というものはこの「私」の領分をちょうど縁をまわるようにして迂回すべきであると言っているのだ。つまり自分自身で決定しコントロールする条件を奪うなと言っているのである。

ホックニーの手紙にあらわれる「図書館」は、社会の乳母《ナニー》たちが集まる場所である。図書館こそ管理とおせっかいの集約されるところである。そこでは本は特権的所有物であり、厳格な閲覧条件によってそれを管理するナニーたちの支配意思は満足させられる。それとつながるところで、たとえば十九世紀の古典学者たちはプラトンの『饗宴』を改竄して翻訳することを強要され、あるいはみずからすすんでおこなった。知識は隠され専有されていた。専門集団のコントロールに服従することが自明なものとされるところでは、「私」が「私」のことを決定しコントロールするという条件すらありえないのである。

ホックニーは「図書館」の乳母たちをだしぬくことにかんしては楽観的である。たしかにハイテックなプライベート・メディアによって直接に情報にアクセスすることができて、ネットワークがまさしくリゾーム（根茎）状にはりめぐらされるならば、ナニー・システムは無力なものとなるかもしれない。もはや情報をストップさせる税関などは無力である。もちろんコストを考えれば、ポルノ・ヴィデオをファクシミリで送らせることなどは語呂合わせではありえても、実際は馬鹿げているけれど。

しかしこの「私」の領分をめぐる、自分のことは自分でコントロールするということについては、同性愛だけが特別なケースなのではない。むしろすぐにおもいつくことは、これこそ現在の焦眉の問題となっている「臓器移植」と「脳死」をめぐる議論である。それは自分についての決定をどこまで社会の決定システムに委ねてしまうかということであって、そこで専門集団の決定がまるで自明のことのように語られてしまってなんら有効なチェック機能がはたらかないとするならば、法の基準はただ医者の免責だけにのみ役にたつことになって自分の生死さえも自分のものではないことになる。とりわけて法と医学が専門集団としての特殊な権力を保有しているならば、日常の社会における「私」の領分と生死をめぐる「私」的過程を保証することがまず考えられるのが当然である。そうではなくて、いかにやりやすくするかが優先して考えられるとすれば、そこでの倫理の基準は共同体の医学の司祭たちによって独占的に決定されることになる。生命倫理の領域ではそのことに気がついていて、「死」の判定をめぐる日常性の文脈、いい換えれば日常感覚というものを尊重すべきであるとしてきたが、その後の論調に目立つのは、医師側のいらだちがむしろこうした生命倫理のコンセンサスをもとめる方向を抑制しようとしていることである。それは生命倫理学のつみあげてきた努力をもとのもくあみにしかねなくしている。

「私」という余白

ホックニーが自分のことは自分で面倒をみるし自分でコントロールしたいと言う時、そこには日常のうちで生きながら同時にシステムの介入を拒否する「私」というものがあらわれる。そうした「私」というものはその領分のうちで自分自身のことを律する存在であって、公的道徳とは異なる「私」的道徳をたてて生きているものとなっている。ホックニーはこの「私」的道徳に公的道徳とおなじだけの意味と根拠をあたえているわけである。

ところでちょっと考えてみればわかるとおり、「私」的道徳という言葉は、道徳というものが本来からいえば共同体の伝統のなかでかたちづくられてきたものであり、「私」という日常を制約して指針をしめすものであるならば矛盾している。「私」と道徳とはむしろ対立するものである。「私」的道徳とは形容矛盾でありたんなる恣意にすぎないということになる。これが共同体と伝統的システムの側からの考え方であって、「私」の道徳を主張するならばエゴイズムという批判がすぐに予想されるのである。

だがもうすこしよく考えてみると、システムが批判され活力をもつことができるのは、この「私」の領分があって、そこではシステムがつねに相対化され検証されることができるからであることに気がつく。システムのなかの充実した空白があることでシステムの自足することのない変化が可能になってくる。

ホックニーはそこまで言っているのではないが、社会の乳母たちが自分たちの気にいらないものを排除する時に、それが気にいらないとは言わないで、まるでそれが子供たちと無垢なるもののためにしてあげているのだという顔をすることに、欺瞞を嗅ぎつけている。「図書館」からカヴァフィの詩集を隠した者は、それを気にいらなかったばかりではなく、それが社会全体によって嫌悪されるべきものであると考えた。「図書館」というシステムのお守りをする乳母は、社会が忌むべきものを発見しそれを人々に告知することに、その役割と義務を感じている者たちである。

ここまでくれば確かに「図書館」はひとつのメタファーであって、そこにあらわれるナニーたちはスケープゴートを見つけるメディアと官僚の代表である。

個人の選択の自由とその条件を保証することで現代の社会システムがなりたっているとするならば、社会の乳母たちがもとめているものは単一のシステムのうちに選択の条件を限定してしまうことである。しかもそれに道徳上の意義さえあたえているのだから、おそろしく自由の限界をせばめてしまうことになる。自由主義社会が政治制度としても社会システムとしても活力をもちうるのは、少なくともこの選択の自由とその条件の保証を基盤としているからであり、むしろそのことを否定するものにたいして倫理的批判をあびせてきたからである。例外はいくらもあるとしてもその根本は変わらない。そこでは「私」の領分は選択の連続系を拡大し多様化するための中心であって、その「好み」という選択の系が多層にかさなりあうことで「私」が生活する日常も都市も成立しているのである。

ホックニーの怒りも悲しみも、このあたりまえのわかりきったことをいまさらながら確認しなければならないことにある。エロス的生活になぜ選択があってはならないのかを改めて言い、かつ闘わなければならないことである。人間の行為のなかでエロスの関係だけがこの選択と「好み」の系からはずされて、そればかりではなく乳母たちの非難をなぜあびなければならないかを問題にしなければならないことである。ホックニーは理論によって語ってはいない。イギリスに帰ることなくアメリカにとどまることで、その最大限の抗議の意思をしめしているだけである。そのアメリカさえもけっしてこの問題について選択の自由をみとめているわけではない。アメリカ連邦裁判所が、ジョージア州の「同性愛処罰法」を合憲であるとみとめたのは一九八七年のことである。たとえその判決が五対四というまったくきわどいものであったとしても、その判決を書いたバーガー長官の判決文の内容は十八世紀イギリスの教義のひきうつしである。アングロ・サクソンがひきずっている宗教の軛《くびき》は、同性愛問題を現代でもほとんど宗教裁判のたぐいとしているのだ。ホックニーはハリウッドに住んでいる。カリフォルニアでこそかれは自由であるというべきかもしれない。

ベンサムのスケープゴート論――十九世紀の同性愛

オクスフォード大学クラレンドン出版から、『ベンサム著作集』として二〇一四年に『不規則な性について、そして性的道徳について』が出版された。さらにイギリス（イングランドとウェールズ）において同年三月十三日に「婚姻（同性カップル）法」（Marriage〔Same Sex Couples〕Act）が発効した。この法は同性カップルの婚姻を合法化するものである。

イギリスにおいては、二〇〇四年に同性同士のパートナーシップに事実上の婚姻と同じ位置をあたえる「パートナーシップ法」が成立したが、婚姻（同性カップル）法は、さらに踏み込んで、婚姻を同性同士の関係にも法的に認めることになった。

クラレンドン出版から「同性愛擁護論集」である『不規則な性について、そして性的道徳について』が出版されたのは、きわめて画期的なことである。ベンサムの出版されることがなかった手稿のなかに「同性愛擁護論」が存在することは、少なくとも一九三一年には知られていた。しかし、今回の『ベンサム著作集』に収められた一八一四年の手稿をはじめとして、ベンサムが生涯にわたって書きつづけた「同性愛擁護論」は、これまで一冊の本として出版されることはなかったのである。またベンサム研究者たちもこの問題について触れることを避けてきた（前章参照）。

私が、この問題について書くことができたのは、一人のカナダ出身の研究者、ルイ・クロンプトンのおかげである。クロンプトンはネブラスカ大学文学部教授であったが、一九七八年の『ジャーナル・オブ・ホモセクシャリティー』誌の三号と四号に、「ベンサムの男色論について」(Jeremy Bentham's Essay on Paederasty) と題して、ベンサムの同性愛擁護論を翻刻して発表した(クロンプトンの序文をふくむ全文は、インターネット上にジョン・ローリツェンによって公開されている。邦訳は『ホモセクシュアリティー』〔弘文堂、一九九四年〕に富山太佳夫訳で収められている)。それは、一九三一年に、チャールズ・オグデンが、ベンサムの『立法の理論』を出版した時に、付録として一八一四年のベンサムの手稿を「趣味に反する違反」(Offences against Taste) として発表して以来のことであった。

オグデンは、周知のとおり『意味の意味』をI・A・リチャーズと一緒に書いた、言語哲学者である。なによりもルートレッジ社から刊行された「哲学・社会科学・インターナショナル・ライブラリー」の編集者として辣腕をふるった。一九二二年から一九五七年までの間に一五〇冊にのぼる本をライブラリーのうちに収めた。『意味の意味』もその一冊である。ヴィトゲンシュタインの『論理哲学論考』の英訳者でもある。ヴィトゲンシュタインはこの英訳を忌避したが、その間の二人の書簡も本になっている。ベンサムの『フィクションの理論』(*Theory of Fiction*) を刊行したのもオグデンである。オグデンのこの本がなければ、言語学者ローマン・ヤコブソンがベンサムのフィクション論に言及することもなく、友人ヤコブソンに示唆されて精神分析学者ジャック・ラカンがベンサムのフィクション論にふれて、ベンサムを称賛することもなく、また論理学者クワインがベンサムのフィクション論ほどフィクションというものを理解している本はないと言うこともなかっただろう。

ベンサムの手稿は、ロンドン大学の稀覯書を収めた図書館のなかに、番号がつけられてボックスに保管されている。私は、一九八四年から一年間ロンドン大学に留学していて、このベンサム手稿の存在に興味があったが、見ただけでこれを読むことは諦めた。何年も訓練を受けなければ読むことはできないと言われたが、なるほどその字はほとんど英語として読むことはできなかった。日本の古文書を読むにも当然に訓練がいるが、英語ならアルファベットだから難しくないと思っていたのがとんだ勘違いであった。ベンサムは書くことについては貪欲であった。独自の速記文字を考案するほどに思考を文字にすることに貪欲であった。しかし、私には読めなかった。すでに読むことができる者が、音読してテープに吹き込んだものもあったが、そのコピーはできないから、保管室の部屋に籠ってそれを聞くのでは、一年間の留学生には敷居が高すぎた。しかもその時は、この同性愛擁護論のことは知らなかった。むしろベンサムの宗教論に興味があって、「パウロではなくイエスを」という、今回『ベンサム著作集』に所収されているものに興味があったが、その時私の引受人であったロンドン大学教授は、ベンサムの宗教論はやめたほうがいいと言った。冗談めかしてベンサムの宗教論をやると早死にするといったので、なんだか訳がわからなくなって、嫌がるものを無理に見ることもないと思って、遠ざかった。詮索すれば、ベンサムの宗教論をやれば当然にこの同性愛擁護論に触れることになるので、それを避けさせたのかもしれない。そもそも、ベンサムの同性愛擁護論を著作集として刊行することにこれほどの遅れをとったことには、イギリスのベンサム研究者の意図があると思われてもしかたがないであろう。ベンサムの宗教論を題材にして書かれた本でさえ、この同性愛擁護論には一切触れないものがあるほどであるから、それは理解できる。

それを、クロンプトンは独力で翻刻したのだ。私がこの翻刻の存在を知ったのは公表時よりかなり後であった。当時、東京周辺の大学図書館にはこの『ジャーナル・オブ・ホモセクシャリティー』誌は収蔵されておらず、わずかに大阪大学の医学部図書館にあることを知って、大阪まで行ってコピーしてきた。

クロンプトンが、より本格的にベンサムの同性愛論を紹介したのは、一九八五年にカリフォルニア大学出版から刊行した『バイロンとギリシア的愛』(*Byron and Greek Love*)の第一章と第七章においてである。題名にあるとおり、この本は詩人バイロンがテーマである。しかし、その第一章は「ジョージ朝時代の男色恐怖症」(Georgian Homophobia)と題して、バイロンが生きた時代の同性愛への社会的感情をあつかっているのだが、その中心は、ベンサムの同性愛擁護論の紹介である。約六〇頁にわたって、ベンサムの手稿の同性愛擁護論が紹介されている。また第七章は「パウロではなくイエスを」という、ベンサムの手稿のタイトルになっていて、そこでは三〇頁にわたって、同性愛弾圧の世論に対するベンサムからの批判が紹介されている。今回の『ベンサム著作集』がわずか一四〇頁ほどの本文であることを考えれば、その分量はバイロン伝の一部とはいえないほどのボリュームである。クロンプトンが『バイロンとギリシア的愛』を刊行してから三十年近く経てからロンドン大学ベンサム・プロジェクトはようやく一四〇頁の小冊子を刊行したことになる。もちろん、この著作集の編集者はクロンプトンの業績に対して敬意を表しているが、もしクロンプトンがこの仕事をしていれば、もっと早くにベンサムの同性愛擁護論は刊行可能であったに相違ない。

つまり、オグデン、クロンプトンの仕事によって、ベンサムの同性愛擁護論は十分に理解可能なものになっていた。今回の著作集を通読するかぎりにおいて、なにかそこに新しいものがあるとは思えなかった。仔細な検討によってさらなる問題を見つけることはできるかもしれないが、そのためにはもう少し勉強しなければならない。『ベンサム著作集』の編集者のおくればせの努力にシニカルな敬意を表わしながらも、クロンプトンの存在こそ、ベンサム研究者が忘れてはならないものであることを強調しておかなければならない。

しかし、ベンサムがこの著作集に収められている手稿を書いていた一八一四年からちょうど二〇〇年後に、著作集の一冊として刊行されたのは画期的なことである。研究者の共有のテキストとしてもはやこの同性愛擁護論を無視することはできない。しかも、この二〇一四年にイギリスにおいて同性婚が法的に承認されたことはさらに画期的である。それはベンサムにとって想定すらできないものであったであろう。

なぜならば、ベンサムの生きていた時代に、同性愛者は死刑であったからだ。ベンサム在世中にはこの状況に変化はなかった。ベンサム・サークルが主導した刑法改革運動は多くの極刑を改革運動によって廃止したが、同性愛者が死刑であることに手をつけることはできなかった。死刑にかわって終身刑になったのは一八六一年のことである。イギリスにおいて、同性愛が非犯罪化されるのは、実に一九六七年である。この時に、法哲学者ハートとデブリン判事との有名なハート・デブリン論争というものがあった。今読んでみれば、この論争は実に退屈な議論である。しかし、その時代背景において見れば、同性愛の非犯罪化は、一九六七年においてさえ議論の対象であり、やっと二〇一四年の同性婚の合法化によって決着を見たのだ。

スケープゴート論とベンサムの同性愛擁護論

クロンプトンの先駆的な仕事から見えてきたものは、ベンサムの同性愛擁護論が、現在の法の問題や社会の状況に対する示唆を含んでいたことであった。つまり、ベンサムの言葉は、ただ同性愛に対する擁護なのではなく、より広がりのある問題へのアプローチであった。

たとえば、ベンサムの時代に民衆が示した同性愛者への残酷なまでの行為は、現代にも通じる問題への思考を導いている。クロンプトンは、『バイロンとギリシア的愛』のなかで、ベンサムの草稿のうちに描かれている「ピロリー」(pillory) という刑罰について詳細に紹介している。「ピロリー」とは「さらし刑」と言ってまちがいはないであろうが、同性愛者に対する民衆の暴行である。

同性愛者に対するロンドンの民衆が示した残虐さは、イギリスを訪れた旅行者にとっては驚異であった。同性愛者が死刑にならない場合でも、その疑いをかけられた者は、首かせを架けられて街頭に晒されたのだ。これに対して、時には数千人から一万人の見物人がこのさらし者になった同性愛者を囲んで、石を投げ殴打した。とくに残虐さを発揮したのは女性たちであった。娼婦や魚売りの女行商人たちが、同性愛者に投げつけるために街頭で売られている犬の死骸を買って投げつけたりした。さらし者になった同性愛者は、最後は気を失い首かせで首が締まって死んでしまうことになる。

ベンサムは、一八一四年の草稿でこう書いている（引用はすべてクロンプトンの『バイロンとギリシア的愛』から）。

かれら〔同性愛のもっとも激しい告発者たち〕のなかには、当然に人間のもっとも堕落した不品行な行ないがかぞえきれないほどにはびこっているのが見いだされる。かれらが有徳の誉れを得るために自己否定という正当な対価を支払うことができないのであるならば、そうであればあるほど人はこうした告発という手段ですませて、なにも支払わずに無料でその誉れを得ようとするのは当然である。正規の価格でその誉れを得ようとするならば、かれらは自分のなかにあるすべての普通でない欲望とかすべての利己心、そしてすべての反社会的情愛をおさえなければならない。いわれなき凄まじい非難の隊列に加担するだけで、それ以上の対価を支払うことなく、それが得られるのであるならばこんなにいいことはない。そこでは、人はいかなる利己心も反社会的情愛も抑制しなくてもいいのだ。自分たちの反社会的情愛は棚にあげて、そこではかれらはいささかの個人的不都合を感じることなく他からは得られないめくるめく満足を得ることができる。悪童が犬をいじめて得る楽しみや、育ちの悪い大人が犬をけしかけて牛をいじめて喜ぶ楽しみと、同じ類の楽しみを得ることができる。

このベンサムの言葉のなかに、私はケネス・バークによって強調された「スケープゴート（贖罪の山羊）劇」を見る思いがした。ケネス・バークは、二十世紀を代表する文芸批評家であるが、べンサム評価のうえで無視できない存在である。おそらく、二十世紀にベンサムの存在が蘇ったのは、このバークとミシェル・フーコーの『監視と刑罰』におけるパノプチコン論によってであり、さらには先にも述べた、言語学者ローマン・ヤコブソンやジャック・ラカン、クワインによってなのだ。

バークは、演劇的情景のなかで社会を理解しようとした。その際に、「スケープゴート劇」を、古代の祭儀であるだけではなく、現代においても共同体が内部の統一を回復するために誰かを生贄に捧げる現象として描いた。このバークの「スケープゴート劇」論を、今村仁司は「第三項排除」の原則という言葉で、実に巧妙に表現した。誰かを排除し攻撃することで、社会全体が安定し浄化されることである。おそらくバークの「スケープゴート」論を、もっとも有効に使ったのは文化人類学者の山口昌男である。さらにいえば、歴史家エドワード・P・トムスンが、「ラフ・ミュージック——イギリスのシャリヴァリ」（二宮宏之・樺山紘一・福井憲彦編『魔女とシャリヴァリ』新評論、一九八二年に収録）という、小さいが魅力的エッセーで描きだした、イギリスの民衆文化とも関係がある。

トムスンのこのエッセーは、一九七二年にフランス語で書かれ、その後、一九九一年に、英語に直して自著 *Customs in Common* に入れられた（邦訳はフランス語からの訳である。フランスのアナール学派の論文と一緒に紹介されている。トムスンは後にイギリスの「ラフ・ミュージック」とフランスの「シャリヴァリ」を同列に置いたことを修正しているが、ここではそのことに触れる必要はないだろう）。

トムスンの定義では、「ラフ・ミュージック」とは、十七世紀の終わり頃よりイギリスで使われた言葉で、なんらかの共同体の規範に反した者たちに対して嘲りや攻撃を行なう乱痴気騒ぎのことである。トムスンが「ラフ・ミュージック」の一例として紹介しているのは、「厚板乗り」というものである。攻撃対象になる共同体の規範への違反者を、厚板に乗せて町中を練り歩き、嘲弄するようなラッパの音を響かせ、あらゆる種類のゴミを投げつけて、騒ぐのだ。このノイズこそ「ラフ・ミュージック」である。子供たちがこの「ラフ・ミュージック」に参加するのは、日頃の大人からなされる「懲らしめ」への反撥からである、とトムスンは言う。こうした共同体の攻撃の契機になるのは、きわめて私的なことであった。「夫婦間の問題」「妻を寝取られた男」「夫を殴る妻」「妻のご機嫌をとる夫」、男であれ女であれ年の離れた相手との婚姻などである。

トムスンは、この「ラフ・ミュージック」は、「私的」なことを「公的」な場面に引きずり出して、共同体が裁判官に代わって裁いているのだと言っている。トムスンのこの「ラフ・ミュージック」論の面白さは、ただその例としてあげられる民俗学的資料によるのではなく、トムスンが「ラフ・ミュージック」のうちに民衆的なエネルギーを見ようとしていることである。イギリス左翼でありながら労働党の官僚化と体制内化に批判をもつトムスンにしてみれば、「ラフ・ミュージック」は、民衆的エネルギーの再燃可能性につながるからだ。確かに、この「厚板乗り」のエピソードは、われわれにはさまざまなことを思いおこさせる。例えば、中国文化大革命の時の紅衛兵たちの行動である。紅衛兵たちは、教師や親でさえも、大人たちを殴り、車にのせて三角帽を被せ、町中をけたたましく練り歩いた。その姿は「ラフ・ミュージック」そのものである。だがそれが毛沢東や江青たちの権力闘争へと動員されたものであったとすれば、そこにあるのは民衆的エネルギーというよりは、一人の敵に向けて全員を動員する「スケープゴート劇」そのものである（この「ラフ・ミュージック」については、海外の文献よりも、近藤和彦『民のモラル――ホーガースと十八世紀イギリス』〔ちくま学芸文庫〕第一章がもっとも的確にかつ図像研究をふまえて魅力的に論述している）。

既に述べたように、この「スケープゴート」を、社会理論のうちに位置づけたのは、ケネス・バークであった。

バークが「スケープゴート・メカニズム」という言葉を使い始めたのは、一九三五年に刊行された『永続性と変化』（*Permanence and Change*, カリフォルニア大学出版局、第三版の一六一一七頁）においてである。そこでは、こんな例を出して、「スケープゴート・メカニズム」を説明している。大恐慌以後の生活破綻のなかで、その原因は経済システムにあるにもかかわらず、白人貧困層（プアー・ホワイト）は、「黒人」に対するリンチと攻撃によって、その貧困への怒りを代償しようとした。そこにあるのは、原因と結果の解釈の間違いである。あるいは、こうも言っている。「スケープゴート・メカニズム」の本来的な意味は、或るものの罪を祭儀の場で清めるために犠牲となるものが選ばれることであるが、「原因」と「結果」の錯誤と魔術的な結合が、犠牲を引きずり出すのだ。その犠牲に山羊が選択されれば、この山羊に全ての罪を背負わせることによって、共同体全体はその罪から清められる。

「黒人」への攻撃と犠牲の山羊が同列におかれる時、『聖書』や神話の世界と現代が同列に置かれる。それはあたかも、人間の普遍的な行動様式として「スケープゴート」があるとも考えられているかのようだ。おそらく、このバークの「スケープゴート・メカニズム」が注目を集めたのは、一九三九年に発表された一つのエッセーによってであろう。「ヒットラーの『我が闘争』のレトリック」である。ヒットラーの『我が闘争』の英訳本が刊行されたの一九三九年の二月であった。バークはこの『我が闘争』への批判的論評を同年の七月に発表している。実にタイムリーなエッセーであったが影響力はその後も続いた（このことについては、Ann George and Jack Selzer, *Kenneth Burke in the 1930s*, University of South Carolina Press, 2007）。のちに『文学形式の哲学』におさめられたので、森常治の邦訳（国文社）によって読むことができる（以下の引用は全てこの邦訳からである）。『永続性と変化』において「スケープゴート・メカニズム」について説明するなかでも示唆されていたことであるけれど、このエッセーによって、現代の問題として「スケープゴート・メカニズム」が取り上げられることになった。

バークのエッセーは、一九三九年のヒットラーとナチズムについてのみ有効なのではなく、今日においても十分に意味のある議論である。バークはこう言っている。

「いろいろ意見を異にし、まとまりのない群衆から追従者を呼び集めるような運動は、すべての道が通じているような一つの中心点を持たなければならない」と語ったヒットラーは、その中心点としてナチス胎頭の都市ミュンヘンを示し、共通の敵をドイツ国民にあたえた。「他になにも共通の目的をもたない人々は、共通の敵を設定することではじめて統一が保たれるのである」。それは『我が闘争』のなかで、ヒットラー自身が言っていることである。「全体的にいって、そしてすべての時代にあっても真に国民的な指導者の能力は、何よりも国民の注意力の分散をくいとめ、一つの敵にそれを集中させる力にあった」。

この「共通の敵」こそ、言うまでもなくユダヤ人であり、ユダヤの資本家であり、「国際的ユダヤの悪魔」であった。大恐慌以後の経済状態のなかで、アメリカのプアー・ホワイトが貧困の原因を「黒人」たちに振り替えたように、ドイツの貧困は、ユダヤ人たちの陰謀へと振り替えられ、ユダヤ人という「スケープゴート」がつくり出された。

バークは、ヒットラーのスケープゴート演出をけっしてドイツの特異な現象ではなく、アメリカも無縁ではないと言っている。そのことは、バークが、ユダヤ人とユダヤ資本家を共通の敵とするヒットラーの理論こそ、ヒットラーの売り物であったと言う時にはっきりする。「彼の売り物は経済的病因の非経済的解釈である。それ自体としては現在の葛藤に含まれる経済的要因から注意をそらすうえでたいへんな効果をあげた。金融界それ自体ではなく「ユダヤ人の金融界」を攻撃することで「アーリアン」金融界に支配権をもたせるに至った熱狂的な運動を刺激したのである。

それはスケープゴート・メカニズムの医療的効果でもある。社会の悪を自らから切り離して、「ユダヤ人」に負いかぶせて、自分たちはその悪から解放されていると思わせる。

「ナチスの手口の基本的なるものは、分裂状態を統合し、それに「治癒的な」効果をあたえることである。それには悪役を仕立てあげ、それを商業広告と同じやり方で執拗に繰り返すことで次第に本物らしくすることである」。

バークはこのエッセーの結論のところで、論点をナチズムからアメリカに移す。アメリカもこの

「スケープゴート・メカニズム」から無縁ではないからだ。それはヒットラーだけのことではない。むしろ人間の歴史そのものが「スケープゴート・メカニズム」の記録である。「人間性の現実」として「スケープゴート・メカニズム」はあるのだ。アメリカにもそれはあるのではないか。それを追跡することで、はじめて「スケープゴート・メカニズム」についての認識は深められる。そうバークは言う。第二次大戦後のアメリカが、「赤狩り」のマッカーシズム旋風に支配されたことをバークは予言していたとも言える。あるいは、「九・一一」以後のアメリカのアラブ政策は、「共通の敵」を発見する過程であった。ナチスとヒットラーによる統一のもとでの「新生活」や未来の保証が、「一番古くから存在するうんざりするような欺瞞の道」であるように、歴史は古くからこの「スケープゴート・メカニズム」を、国家と民族統一の手段としてきた。バークはそのことを指摘することで、いつも現代的である。

もう少しバークにこだわっておこう。ケネス・バークの存在などは既に忘れ去られているかもしれないが、ルネ・ジラールやジャン・ピエール・デュピュイ(『聖なるものの刻印』以文社)がバークのこの「スケープゴート・メカニズム」論を継承していることにも注意を払う必要はあるだろう。しかし、フランス語圏の両者については邦訳もしくは英語訳で読んできて私には真っ正面から二人について論じる能力も準備もないので、その機会は後に譲るとして、ベンサムとバークの問題に限定して「スケープゴート・メカニズム」について言及していこう。

『動機の文法』(*A Grammar of Motives*, 1945)は、ケネス・バークの理論を代表するものであるが、このなかでバークは「スケープゴート・メカニズム」を一般理論として論じている。しかも、そのことのうちにベンサムの理論との関係が見えている。『動機の文法』に、「いけにえの山羊の弁証法」という節がある。そこでは、「ヒットラーの『我が闘争』のレトリック」に通じる論点が共有されているが、さらにそれが人間の行動の一般理論ともなっている。

バークは言っている。

いけにえの山羊はカリスマ的であり、代理人である。人々はそれを選ばれた容器としてみなし、彼ら自身の罪の重荷をそのうえにかぶせ、祭式的にわが身を浄めようとするのだが、そのとき彼らといけにえの山羊はもっとも深い意味において同質同体とみなされる。かくて、いけにえの山羊は、その迫害者たちが自分自身の不浄を異化し、自分たちから切り離し山羊へと移すという点において、「分離の原理」を表象しているのである。いけにえの山羊が治癒力をもつのは、山羊を血祭りにあげることによって治癒されるはずの人間たちの悪を代理するかぎりにおいてである、ということを忘れてはなるまい。(『動機の文法』森常治訳、晶文社、四二〇頁)

こうした論点は、まさしくヒットラーの『我が闘争』のレトリックを論じる時に、提出されていたものであるが、バークはこの「分離の原理」という弁証法の姿が、人間の現実のうちに普遍的に見いだされるものであると言いたいのだ。そうであれば、「現実の犯罪人であれ、想像裡のものであれ、犯罪人は一般社会人にとっていけにえの山羊となる。社会は倫理的義憤を感じ犯罪者を罰することによってみずからを浄化するのだ。もっとも一般には義憤を感じている当人にはその場で働いている祭式的要素は認識されない」(同上、四二一頁)。

ケネス・バークによって定式化された「スケープゴート・メカニズム」に対して、より根本的なところで、人間の「死」と「生」への態度を論じて、この問題にもう一つの答えを出したのは、二十世紀フランスの思想家ジョルジュ・バタイユである。バタイユは『文学と悪』のなかで、「供犠」(sacrifice)という項を立てて、こう書いている。

これまでに世に出たもっとも正鵠を得た意見では、供犠は、社会的な結びつきを強固にするための制度と見なされていた(もっともこの意見もどうして他の手段よりも流血という手段による方が、社会的な結びつきを強固にする上で、より有効であるかという理由を説明することはできなかったが)。しかし、もし恐怖の対象そのものに——できるだけ近く、できるだけ頻繁に——接近することがわたしたちにとって必要な〔必然的な〕ことであり、また、生と対立する諸要素の可能なかぎりの最大量を、できるだけ生を損なうことなしに、生のなかに導入するということが、わたしたちの本性を定義づけるのに不可欠な要件だとするならば、供犠の操作も、もはやこれまでに認められてきたような、人間的には基本的なものだといいながらどうにも納得できないあの制度とみなすことはできないことになるだろう。(山本功、ちくま学芸文庫)

バタイユが言う、人間にとっての「恐怖の対象」とは「死」のことである。有限的存在として人間は、この「死」への恐怖から離れることはできない。まるで光源へと吸いよせられる虫のように、人間はこの「死」から遠くへ向かおうとする。しかし、そうした指向とは反対に、むしろこの「死」に近づくことによって「死」を笑いの対象にも感嘆の対象にも変えて、「死」の恐怖から逃れようともする。その典型が演劇である。「供犠」もまたこの演劇と同じ祭儀的な場所になって、「死」の恐怖からの逃走に力を貸す。それが大略、バタイユの「供犠」についての論旨であった。そこでは、バークの「スケープゴート・メカニズム」のような制度的な説明は、「供犠」や「贖罪の山羊」を説明したことにならない。バークもまた、劇学（dramatism）という文脈のなかで、この問題を考えていた。バークとバタイユのなかで、「演劇」がどのようにして社会現象としての「スケープゴート」に関わるのかを考えるのは、とても面白い。そこに、バタイユの意図せざるケネス・バーク批判とバークからの反論を見る機会ともなるだろう。

バークは自分の理論を「劇学」と称した。人間の行為のうちに含まれている祭儀的要素や宗教的要素を暴いて、そこに現在を還元してみせたのだ。「スケープゴート・メカニズム」という言葉そのものが、宗教的、祭儀的で、古代的なものを、現代のうちに蘇らせたものである。人々が意識することなく行なっている行動や熱狂のうちに、祭儀的ないけにえの儀式を見るのだ。それは、フロイトの心理学における「オイディプス・コンプレックス」という言葉が語ったやり方でもあった。ベンサムのことに戻ろう。ここまでくれば、先に示した、ベンサムが「さらし刑」においてあからさまになるロンドン市民の残虐な行状を非難した言葉は、けっして一八一四年の時代のうちにあるのではなく、まぎれなく、バークの言葉にかさなりあいながら、現代の言葉になって聞こえてくるだろう。ベンサムはこうも言っている。

これはある種の生贄である。他のものと比べたならば比較にならないほど安上がりな神との取引である。通常の場合には犠牲にされる快楽は自分自身のものであるのに、この場合は他人の快楽である。自分自身の肉を炙《あぶ》って神と司祭の晩餐の食卓に供するのはものいりである。人間を捕まえてきてそれを炙るのであるならばただですむ。しかもいい見世物になる。こうして十八世紀半ばにフランス人アベ・ド・フォンテーヌは生きながら火炙りにされたである。（一八一六年のノート）

このアベ・ド・フォンテーヌの火炙りの刑のことは、一八一四年のノートを復刻した今回の『ベンサム著作集』にも収録されている。肉体の「汚れ」と精神の「汚れ」とが同一視されて、手の汚れを水で洗って浄化するように、精神の「汚れ」を火によって浄化しようとしたのだ、とベンサムは言っている。そこには、「汚れ」（dirt）という言葉を魔術的に転換することによって精神の「汚れ」を火によって浄化（pure）しようとする想像力による暴虐があるのだ。それは典型的な言語の誤用であり、修辞学的転換である。むしろ、同性愛者を火炙りにすることは、この修辞学的転換の結果である。精神が「汚れる」とはどういう状況であるのか。それは説明することができない。ただ同性愛者への不快の感情が、この「汚れ」を呼び起こす。想像力による刑罰が火炙りであり、「さらし刑」である。

私のベンサムの「同性愛擁護論」への関心は、ルイ・クロンプトンと同じように、それが英語による最初の同性愛擁護論であることに向けられてきた。功利主義者ベンサムの既成のイメージを変更することの方に関心があった（それを言うためでさえも、日本のベンサム研究者からの侮辱を耐えなければならなかった。かつて日本で国際功利主義学会が開催された時、私は同性愛擁護論をテーマの一つとするよう学会準備会合で提案したが、その会合の議長でベンサム研究のリーダーと目されてきた永井義雄氏から公開の場所でえらそうに一喝され、学会のテーマの一つとすることを拒否された。もう三十年以上前の話だが、このことはけっして忘れない。その後も、例えば、アマゾンでの私の本への評価欄への投稿には、ご丁寧にもただ批判するために本の隅から隅まで読んで、同性愛擁護論など検討する意味がないということを言いたいために投稿した差別主義の匿名氏がいる。どこの誰だか知らないけれど、おそらくどこやらの学界権威に忠誠をささげる研究者であることは間違いない）。

今は、最初にこのテーマを取り上げた時以上に、ベンサムの同性愛擁護論の意義を強く感じる。最初に取り上げた時は、「スケープゴート」の問題を示唆していたけれど、ケネス・バークやルネ・ジラールの著作のなかでの「スケープゴート・メカニズム」の問題は、視野の外にあった。トムスンの「ラフ・ミュージック」のことには言及しているけれど、それをバークの問題にまでつなげては論じていない。今回、本章で初めてそのことに言及している。そこに置いてみれば、ベンサムの同性愛擁護論の中心は、この「スケープゴート・メカニズム」であることに気がつく。

ヴァルネラビリティをめぐるベンサムとJ・S・ミル

ベンサムの同性愛擁護論が示唆しているのは、山口昌男によって語られた「ヴァルネラブル」なものをめぐる社会の力学である。山口は、現在は『文化の詩学I』（岩波現代文庫）に入っている「ヴァルネラビリティについて」（一九八〇年）というエッセーのなかで、スケープゴートのことを言い換えて「ヴァルネラブル」なものと言っている。「攻撃誘発性」を持つものという意味である。このエッセーそのものは、トッド・ブラウニングの映画や大島渚の映画『戦場のメリークリスマス』の原作となった、ヴァン・デル・ポストの小説『影の獄にて』の分析が中心であるが、「ヴァルネラブル」という言葉を記号論の用語として提出したことで、意義深いものになっている。「スケープゴート」が、キリスト教的な背景をもっていて、ジラールにしてもバークにしても、宗教論と切り離しがたくあったのとは異なり、この「ヴァルネラブル」なものという言葉は、社会学の他の用語とも通じながら、記号論の用語としての一般性を持つことができた。

社会のなかで攻撃を誘発する存在は多くいる。この「ヴァルネラブル」なものに攻撃的になることによってしか、自らのアイデンティティを維持できないタイプの人々がいる。それが山口昌男の「ヴァルネラビリティ」という用語の社会的意味である。

社会学のなかでいえば、演劇的社会学を提唱したアーヴィング・ゴッフマンにおける「スティグマ」という言葉が、この「ヴァルネラブル」なものに相当するだろう。「刻印」であり「疵《きず》」である。その刻印や疵が攻撃を誘発する。

その「スティグマ」も「ヴァルネラビリティ」も、身体的なスティグマであったり、社会の多数者から排除される存在であったりする。「スティグマ」に対する時、社会というものが実体として浮上して、攻撃を仕掛け、社会が自らのアイデンティティを確認するのだ。山口昌男は、一九八〇年の時点で、日本社会の右傾化のなかで「国益に反するもの」たちへの排除の姿勢に、危うい日本の姿を見ている。「国益に反する」者という刻印によって、「ヴァルネラブル」なものが生産されることになる。

山口の視点は、今こそ有効である。韓国と日本は、相互に相手を「ヴァルネラブル」な存在に転化して、それぞれの「国益」と権力の安定を図ろうとしている。必要なことは、「ヴァルネラブル」なものに向き合い、それぞれが相手の「ヴァルネラビリティ」によってアイデンティティを強化しようとしていることに向き合ってみることである。

ベンサムのことに戻ろう。同性愛者に対するイギリス社会や民衆が行なったことは、「ヴァルネラブル」なものを攻撃して、アイデンティティとモラリティを確認しようとする行為であった。ベンサムはそこに欺瞞を発見した。

ベンサムはこの論文を発表することができなかったが、異なる形で「ヴァルネラブル」なものをめぐる問題を取り上げたベンサムの後継者がいる。ジョン・スチュアート・ミルである。

ミルの『自由論』は、今日でも読み継がれる古典であるが、そのなかで異彩を放つのは、ヴァルネラブルなものへの積極的な擁護である。

その「ヴァルネラブル」なものとは、十九世紀におけるモルモン教徒たちの「多妻婚」である。イギリスにおける「同性婚」の承認をめぐる議会の討論のなかでも、反対する議員からは、「同性婚」を承認すれば「多妻婚」を認めることになるのではないかという発言があった。

「多妻婚」がイギリスで承認されることはないであろうが、『アメリカにおける文化多元主義と法』(Jill Norgren and Serena Nanda, *American Cultural Pluralism and Law*, 1996) に紹介されている、アメリカ連邦最高裁判所のマーフィ判事の付帯意見には、興味深い論点が提出されている。「多妻婚は古代文明においてはまったく普通のことであり、『旧約聖書』の作者たちによって多くの時代にわたって言及されている。今日においてさえ世界的に見れば、異教徒や非キリスト教徒のうちにしばしば見ることができるものである。その時、われわれは多妻婚が、他の結婚と形式と同様に、基本的には、宗教に深く根ざした文化の制度であり、当該社会の社会的風俗であることを認めなければならない」。

マーフィ判事が言いたいのは、「多妻婚」が、アメリカにおける支配的な道徳や宗教とは異なるものであるとしても、それ自体が宗教に根ざした文化であり婚姻制度である以上、宗教の自由を認めるアメリカ憲法がこの「多妻婚」を排除することはできないということであった。一九九一年には、「アメリカ市民自由連盟」は、「複数婚」(plural marriage) を「表現の自由」「結社の自由」「宗教の自由」「プライバシーの権利」の観点から、憲法によって護られるものとした。

最近の『ニューヨーク・タイムズ』紙上においても、「複数婚」を「同性婚」と同じように、いずれ承認されることになるという意見が掲載されている。その議論は、『プレイボーイ』誌の創立者ヒュー・ヘフナーの複数の女性との同棲生活などを例に出しているので、あまり正面から議論ができるものではないが、映画作家でベトナム生まれの思想家であるトリン・T・ミンハが作った短編ドキュメンタリー映画のなかで、多妻婚をアフリカの異文化をあらわすものと考える西欧の女性たちに対して、アフリカの女性が「それならあなたは夫の唯一の妻なのか」と発言していることは、十九世紀にモルモン教へのイギリス人の批判に対して、モルモン教徒側がこのアフリカ女性とほぼ同じ発言をしていることを思いおこさせて、多妻婚問題と文化の関係を考える場面は用意されている。

十九世紀のイギリスにおいては、モルモン教徒の「多妻婚」はまさしく「ヴァルネラブル」なものであった。モルモン教の説明はここでの主題ではないが、一八三〇年にアメリカ人ジョゼフ・スミスによってニューヨークに設立された宗教団体である。その中心的な教義には、父親を中心にした多妻婚があった。スミスは後に反逆罪で投獄され、獄中で殺害されている。後継者のブリガム・ヤングは、「多妻婚」を正式にモルモン教の教義とした。モルモン教は、その基盤であるユタが州に昇格（一八九五年）するさいに、多妻婚を放棄して現在に至っている。ただし、原理主義派のモルモン教徒もいて、かれらは依然として「多妻婚」を維持している。

このモルモン教がアメリカ以外で教徒を獲得したのは、イギリスであった。一八四〇年にブリガム・ヤングを中心にした宣教団がイギリスに渡り、大変な成功を収めるのだ。教徒のほとんどは貧民階層であったが、希望を求めて大挙して船でアメリカにわたり、一八五〇年当時で、イギリス人教徒の数は三万七四七人で、クエーカー教徒を凌ぐ数であった。

しかし、これはイギリス社会においては大スキャンダルだった。モルモン教徒のリーダーたちと女性たちとの多妻婚は、恰好の性的スキャンダルとなった。

『モルモン教の女性たちの生活』という性的スキャンダル本は実に三万四千部も売れた。コナン・ドイルの『緋色の研究』は、シャーロック・ホームズ・シリーズの最初のものであったが、そのなかでブリガム・ヤングを登場させて、ヤングによって結婚を指示され、恋愛を妨げられる女性の悲恋物語を仕立てている。

オーエン・チャドウィックの『ヴィクトリア朝の教会』（Owen Chadwick, *The Victorian Church*, 1966）は、イギリス近代宗教史の信頼のおける本である。そこでチャドウィックは、ソーアムという村にあったモルモン教の教会の前で、村の若者たちがモルモン教の結婚式をからかう芝居をやったことを書いている。その芝居では七人の花嫁がロバに乗って登場するというものだった。一二〇〇人の村人が見物したという。

この話は、私の著書『正義論／自由論』（岩波現代文庫）でも紹介したことがあって、ここで書いたことと重複するのだが、その時は、これが先にあげたトムスンのいう「ラフ・ミュージック」そのものであることにうかつにも気がつかなかった。

先にも述べた十七世紀から十八世紀にかけてのイギリスにおける「ラフ・ミュージック」が、共同体の規範や習慣から逸脱した者、とりわけて婚姻において逸脱した者への共同体からのからかいと嘲笑の乱痴気騒ぎであったように、十九世紀半ばにモルモン教徒たちに向けられた嘲笑の乱痴気騒ぎも、「ラフ・ミュージック」の再演であったのだ。

そうであれば、ミルがブリガム・ヤング宣教団のイギリス到着から十年後に着想を得たという『自由論』は、このラフ・ミュージックへの対抗であったことになる。以前に拙著でモルモン教徒の多妻婚へのミルの擁護について触れた時は、ミルのよく知られた「他者被害の原則」に焦点があった。ミルは多妻婚には個人としては反対であると言いながら、こう書いていた。

ここで忘れてならないことは、この関係〔多妻婚〕が、これに関係し、かつその被害者と考えられる女性の側の自由意思によって作られたものであり、それは他のいかなるの婚姻制度の場合とも同じだということである。（早坂忠訳）

〔モルモン教徒が〕彼らの教義を受け入れなかった国々を去って、遠い地球の片隅をはじめて人類が居住できにようにしてそこに定着した時に、かれらが他の諸国民に対して侵略をせずかれらのやり方に不満な人々には退去の完全な自由を与えている限り、専制原理以外のいかなる原理にもとづいて、かれらが自分たちの好む法律のもとに生活するのを阻止することができるのかを知ることは、困難である。（同上）

ここでのミルの言葉は、当人同士の合意にもとづき、他者の権利も侵害しない場合において、その行為を非難することはできない、という「他者被害の原則」のなかでの発言である。それは、べンサムが同性愛擁護論で展開したものでもあった。ミルは「趣味《テイスト》の自由」とも言っているが、そこでは、自らのライフ・プランに従って生活することは、それが他者の権利を侵害しないものであるならば、人から見れば愚かで退化した文明に思えても、なにをするも自由であると言ったのだ。モルモン教徒の多妻婚もそのうちに入る。そして、ベンサムが同性愛を「趣味《テイスト》の異端者」に過ぎないと言ったことを付記しておこう。ここには、ベンサムとミルが、同性愛と多妻婚をめぐって、同じ論陣を張っていることはあきらかである。ミルの名づけ親はベンサムである（なお、バートランド・ラッセルの名づけ親はミルであった。ここには逸脱者の系譜がある）。ベンサムのもっとも若い同盟者はミルであった。発表することができなかったベンサムの同性愛擁護論をミルが見ていたと推測するのは難しくない。

だが、それだけではない。モルモン教徒が「ラフ・ミュージック」によって嘲笑され、共同体の多数者の価値や規範に違反するという理由で迫害されるなかで、同時代人ミルの『自由論』を読めば、ミルの思想の中心が見えてくる。

ミルの『自由論』は、そう言ってよければ、反時代的な著書である。その最初からミルの主題は、多数者民主主義への懐疑であるからだ。

ミルは、大略こう言っていた。今までは、自由といえば、少数者支配からの自由を言っていた。支配する側は少数者であり、その少数者の暴虐から多数者の自由と権利を守ることが主題であった。しかし、ミルが生きている時代は、多数者支配の時代である。多数者の意思が政府を構成し、社会全体が多数者の価値へと収斂される。社会全体と多数者が考える価値が一体となって、少数者の自由は失われる。その多数者とはなにか。ミルの『代議政治論』のなかに現われる、世論への懐疑は多数者をミルがどのように考えていたかを如実に示す。

ミルは、代議制を否定するわけではないが、選挙において、大衆と知識階級とが同じ一票であることを否定する。大衆が一票であるならば、知識階級には複数票をあたえるべきだというのが、ミルの代議制なのだ。あからさまなエリート主義である。それを誰もが不快に思うにちがいない。票において差別をもうける基準とはなにか、と問えば、ミルの代議制の破綻はすぐに理解できる。

しかし、ミルが多数者民主制を、「多数者の専制」とまで言うのであるならば、ミルのテーマはこれまでここで考えてきた、「ヴァルネラブル」なものへの攻撃において一体になる共同体の姿への非難が背後にあることは間違いない。ベンサムが書いている、同性愛者への大衆の暴行とラフ・ミュージックが、ミルにとっても大きな問題であったはずだ。モルモン教徒の多妻婚の擁護は、この「多数者の専制」の文脈で言えることとである。

「ヴァルネラブル」なものの選択は、時代によって異なる。古代の神話以来、あるいは、イエスがゴルゴダの丘の上で磔《はりつけ》になって以来、人間の文明は、社会から排除される「ヴァルネラブル」なものを選択して、共同体の一体化を図ってきた。イエスの処刑を望んだのは、そこに集まってきた大衆である。ローマの執政官ピラトは、大衆に向かって大罪人のバルバとイエスを並べて、どちらを助けるのかと大衆に判断を委ねる。大衆は「バルバ」と叫ぶのだ。バッハの『マタイ受難曲』は、雄弁にその場面を描いている。

ベンサムとミルが、取り上げるテーマが異なるとはいえ、「ヴァルネラブル」なものへの社会の態度に対して恐れをいだいたことは、現在のわれわれにも一つの問いかけになっている。スケープゴート・メカニズムやラフ・ミュージックは、避けることができない社会の姿であるのだろうか。おそらく、ケネス・バークやルネ・ジラールは、人間の避けることができないものとして、スケープゴート・メカニズムを考えていた。社会の力学である。それは人間への懐疑と絶望なのだろうか。そうではない。不可避のものであるならば、むしろそのことを主題化して、人間が歴史のなかで繰り返してきた、「ヴァルネラブル」なものへの暴虐を再演しない方法を考えるしかないだろう。

ジャン・ピエール・デュピュイは、『聖なるものの刻印』のなかで、面白いことを言っている。政治家にとって「スケープゴートにされている」と発言することは、非難をさけるためのレトリックになっている。つまり「スケープゴート」は政治家が非難される対象から立場を反転させるための言葉になっているのだ。非難する側の理不尽さと非難される側の無垢を言うために、「スケープゴート」という言葉が使われる。

対抗する原理に、「スケープゴート」という言葉が使われるのであれば、共同体の一体感や価値への懐疑もそこには成立している。それでも、やはり社会は「ヴァルネラブル」なものを求めて、社会の一体感を追求することだろう。ミルもベンサムもその絶望のなかで、語りつづけることによって、スケープゴート・メカニズムを無効にする方法を探していたのだ。

まことに、法律はこのヴァルネラブルなものと真っ向から対面している。ケネス・バークが言うように裁判はいつでもヴァルネラブルなものとの対話の演劇である。そうであるならば、ベンサムやミルの発言は、今でも、いかにしてヴァルネラブなものをめぐるラフ・ミュージックから法が自由になるかを考えるために不可欠のものである。

「趣味」の選択

ベンサムはおそれた。その同性愛擁護論を当初は発表する予定であったにもかかわらず、ついにそれをしなかった。しかしそれは、E・M・フォースターが刊行できないことを予想しながら『モーリス』を書いたのとは少しちがう。『モーリス』は、同性愛が解放されることへの希望と同性愛者としてのアイデンティティの確認のために書かれたにちがいない。ベンサムは終生の独身者ではあったが、おそらく同性愛者ではない。もし最近の定義にしたがうならば、ホモ・エロティクスといったほうがいい。つまり行為にはいたらないが精神において同性との熱烈な友情のうちに生きることをのぞんでいて、女性にたいする欲望が稀薄である。いずれにしてもそこのところははっきりとしていないし、わからないとしかいいようがない。だが断わっておくと、私はこうした問題を本質的なことではないとして思想史の枠からはずしてしまって、いっさいそのことにはふれない、という考えをとらない。もっともあたらしいベンサム研究の本ですら、英米系のベンサム研究者はいまだもってこのことについて沈黙している。

ニュートンやヘンデルが同性愛者であったかどうかということも、どうでもいいことであるとはおもわない。ヘンデルのオラトリオを同性愛の音楽言語としてどう読むかということは当然に考えられていいことであって、それはリヒャルト・シュトラウスの『薔薇の騎士』の冒頭を、オクタヴィアンと元帥夫人とのベッドシーンの音楽的描写であるとして、激しい愛の行為と若いオクタヴィアンが経験不足のために早くおわってしまい、そのあとに静かで甘美な充足が二人に訪れるのだ、とライナーノートに書いたイギリスの吉田秀和、ウィリアム・マンの言葉に意味があるならば、ヘンデルのオラトリオに「性」の表徴をもとめてなにか不自然なことがあるであろうか。そうした読解が同性愛への忌避によって抑制されているとするならば、学問にタブーはないという原則はどこかにいってしまう。

ベンサムは発表をあきらめてからも書きつづけた。「世論のなかにはきわめておおきな恐怖こそあれ、いささかの希望もない」とかれは書いている。にもかかわらず書きつづけたのは、同性愛の弾圧に反対することが功利主義への変わることのない献身を意味していたからである。

しかし賽は投げられたのだ。私か最初にとりいれた一般的功利性の原理へのまっすぐな忠誠へと、かほどにふかく結びついてきた以上、私はけっして自分の個人的危険を慮ってこの原理を放棄するようなことはしない。私の判断が正しいとみとめ、私の恐怖がそれを放棄させようとした原理をみずから恥じることなどけっしてあってはならない。(一七八五年のノートから)

ここで「功利性」の原理といっているものは効用でも機能でももちろんなくて、「快感は善である」という簡単なことであった。快感は悪であるというなら人はなんのために生きているのか。快感による幸福こそ人生の中心である、というのが、ベンサムの功利主義の基本にあった。快感を増大するために政治も社会システムもあるといいたいわけである。両者の合意のもとにおこなわれる同性愛はいかなる人間にも害をおよぼさない。それは相互の快感のためにあるものであって、しかもそれが通常の性ではないことがその性の快感をたかめさえするのだ。そこには非難されるべき理由がない。そうベンサムは書いている。

それは食事とおなじ日常の事柄である。一八一八年のノートにはこうある。

テーブルの快楽の場合は、プロテスタントは禁じられた食物を食べてもけっしてそれを道徳の問題とはしなかった。人々は健康を害しない程度に過食を戒めながら口の喜びにつかえたのだ。プロテスタントもカソリックもこの非合法の快楽〔同性愛〕が実際にいかなる害になるかをたずねることもなく古くからの禁制にしたがったのである。

「趣味」という「私」の領分にうるさく口を出してくる乳母《ナニー》たちは、もちろんその手には神学と自然法の理論をもっている。素手でくるわけではない。同性愛は自然に反している。アメリカ連邦裁判所のバーガー長官が、同性愛はキリスト教とユダヤ教の伝統に反しているといったのは一九八七年のことである。条例二九条を推進するイギリスの議員たちのコメントにも、この「反自然」的性という言葉があらわれる。

だがこのことになるとベンサムの論調はきわめて軽快になって、ほとんど一蹴して論破するというおもむきがある。ヒュームがそうであったようにベンサムも「自然法」をみとめない。それはフィクションである。人間がつくった虚構である。人が「反自然的」といい「不純」という時、そこで意味されていることはその言葉をつかっている人間の感情にすぎない。恣意的な名辞の力にみちびかれて人はそこになにかがあるかのように想像力をはたらかせるのである。しかし真実はこうである。

> 反自然的という形容詞がなにか人間の行為や思考へとむけられる時、それがなんらかの指示をゆるしている唯一の対象は、その形容詞をつかう人間の胸中にわきおこってくる情念にみたされた不快の感情である。（一八一四年のノートから）

ベンサムはここで、「性」について人々が語る時の言葉のはたらきについて言っていることになる。つまり「性」の文脈にあらわれるレトリックをはっきりと見せようとしているわけである。言葉はものをしめす記号であるまえに、それをつかっている人間の感情や欲望を表現する記号であるといいたいのだ。「反自然的」という抽象の名辞はものを指ししめしているのではなく、不快なるものをしめすための心理と感情の記号である。その不快の感情の相手を神の敵とすることで、その感情は普遍的な意味をもつようになる。

　それならイエスの言葉はなにを意味しているのか。イエスはこのことについても、また禁欲についてもなにも言ってはいない。イエスは沈黙している。語ったのはパウロである。イエスはイエスであり、パウロはパウロである。そうベンサムは言う。むしろイエスをとりかこむ使徒たちの集団は、まさしく男性同性社会である。とりわけてイエスと使徒ヨハネとのあいだにある愛情にベンサムは注目する。現在のゲイ・アカデミックの聖書研究が注目するのも、このイエスとヨハネとの関係である。また、伝統的にあった説で、ベンサムのオリジナルではないが、同性愛をあらわすソドミーという言葉のもととなった『旧約聖書』の「ソドムとゴモラ」の神話についても、ソドムが神の怒りによって焼きはらわれたのは、その都市の男色のゆえではなく外からやってきた客への粗暴な扱いのゆえであるという。

共生する「私」の領分

ホックニーとベンサムが同性愛の問題をとおしてさぐりあてた「私」の領分は、情報管理技術が高度化して、それにともなってだんだんと痩せ細っていく「私」の位置を、現代社会の根幹としてもう一度見すえる機会となる。しかもコンピュータ・エイジのイデオロギーとなった健康の思想が、嫌煙権に代表されるような「趣味」の排除と「清潔」な生活へのマス・ヒステリーへとむかっている時、簡単に「私」の領分をひきわたしてしまっては、あれからこれへと社会の乳母《ナニー》たちの自慢気な振舞いをゆるしてしまうことになる。

そんな例はたとえば、「簡約日本語」などという外国人のための「日本語」を捏造するといったことにもあらわれている。そこにもしっかりと乳母のレトリックが用意されていて、それは外国人の日本語習得を容易にするためであるということになる。乳母たちから見れば、外国人は手取り足取りして教えてあげなければならない「幼児」である。大人としての能力を最初からもとめえない幼児である。幼児語をしゃべる外国人がまともに日本で生活できるかどうかなどということは、乳母たちの社会では考えられもしないのだ。

（ただ言語のことでいえば、ベンサムやその同性愛論を最初に紹介したオグデンは、この乳母たちの仲間なのだ。オグデンはベーシック・イングリッシュ運動を推進した中心人物である。もちろんその運動は、こんどの「簡約日本語」にくらべればはるかに洗練された思考によってすすめられたのであるけれど、英語の伝統と表現の文化的豊さを犠牲にして透明なコミュニケーションへとむかおうとしたことでは言語への暴力である。しかしこのことはけっしてここでの問題であった同性愛と関係のないことではない。抽象名辞によって人々の想像力が得体の知れないファントームをひっぱりだすことへの批判が、そうした簡約英語運動にむかったのであって、その屈折は簡単には論じられないものがある。チャールズ・オグデンやヴィトゲンシュタインにおけるホモ・エロティクスと二十世紀言語学運動の問題は、次章「独身者の仮面劇」で考えてみよう。）

ベンサムはその法理論のなかで「私的道徳」という言葉をつくった。あるいは「私的義務論理学」という言葉をつくった。その造語は前にもいったように矛盾した言葉である。しかしその矛盾をとおしてかれがいおうとしたことは、公的道徳や公共のシステムのコントロールを受けないで、自分自身でコントロールする領分があるということである。ベンサムは「賢慮」（prudence）にゆだねるべきことがあるとも言った。その言葉は意外にあたりまえの言葉でおもしろくないかもしれないが、

「エイズ」問題が同性愛差別とかさなってくる時、この言葉はことの本質を語ってはいないであろうか。行政の怠慢によって起こった血友病患者の感染をのぞけば、性交渉によって感染することがはっきりしたならば、ことは「私」の領分にかかわっていて、「賢慮」による自分自身のコントロールだけが「エイズ」への有効な対策である。行政の役割はそのための教育と医療システムの整備であり、治療にともなう経済負担のバックアップ体制をととのえることである。いたずらに差別と危機をあおるのではなく、個々の「賢慮」がはたらく環境をつくることが行政の道義である。そのことが忘れられて統制と差別化への絶好のチャンスであると考えられる時、この社会は「賢慮」という中心を喪失した猜疑とおそれの場所となるにちがいない。

「私」の「賢慮」というものへの信頼によってこそ政治はシステムの専制からまぬがれ、自由の基盤をかたちづくることができる。そして「趣味」の異端者による「好み」と選択が日常を多層化し賑わいをもたらすものであるならば、社会の乳母たちが退場し「私」の領分が自由に結びあうようになった時、異なるものたちが共生する現代の基盤にふれたことになる。

第7章　独身者の仮面劇――チャールズ・オグデンの言語理論

白い仮面の言語

ここに一枚の写真がある。書斎のなかの本が重ねて置かれている机の向こうに、扉に寄り添うようにして、一人の男が立っている。少し前かがみで老人のように見える。きちっと折り目正しくソフト帽をかぶり、ネクタイを締めてフロックコートを着ている。右手には蝙蝠傘を持ち、だらっと下げた左手には煙草を人差指と中指の間にはさんでいる。それだけならば、雨の街へ出掛けていく老人が書斎のなかを眺め回して、神経質に点検している姿にも見える。ただ一つそれが奇妙なのは、その男の顔には白い仮面がつけられていることである。その男の名前はチャールズ・オグデンである。

この写真は一九四三年の十月二十三日の『ピクチャー・ポスト』に掲載されたものである。どうでもいいことだけれど、この日は土曜日である。イギリスの元首相ハロルド・マクミランの『戦争日記』（いうまでもなく、自らが社主であったマクミラン書店から出版されている）を見ると、植民地省の北アフリカ担当の次官の地位にあったマクミランは、北アフリカ戦線とイタリア戦線とを往復して、ようやく勝機が開けてきたヨーロッパ戦線の調整のために、アルジェでド・ゴールとの協議に臨んでいたのである。二十三日の土曜日は翌日にアルジェからチュニスに発つために、マクミランは早めにベッドに入った。

勿論、この写真がその日に撮られたわけではない。しかし、五十四歳になっているケンブリッジ大学の著名な言語学者にして、ケーガン・ポール書店の中心的な編集者であったオグデンの戦時下の日常は、マクミラン書店の社主の英雄的日常に較べればいささか奇妙である。

チャールズ・オグデンについては、おそらく説明が必要であるにちがいない。I・A・リチャーズとともに現代言語学の古典となった『意味の意味』の共著者であるといっても、今日では誰もがすぐにイメージを浮かべることはできないだろう。この『意味の意味』が出版されたのは一九二三年である。ましてや、ルートレッジ社から刊行された心理学、哲学、社会科学のインターナショナル・ライブラリーの編集者であったといっても、そんなことはさしたる関心をよぶものではないだろう。しかし、一九二二年に哲学・社会科学・インターナショナル・ライブラリーとして、G・E・ムーアの『哲学研究』とカーリン・スティーヴンの『心の誤用』(*Misuse of Mind*)の二冊を刊行することから始まって、オグデンが没した一九五七年までに一五〇冊にのぼる本を刊行したオグデンの編集者としての力量は、二十世紀最高のエディターの地位にふさわしいものであった。『意味の意味』もこのライブラリーの一巻であったのだ。さらに、英語の表現を八五〇の単語に簡略化して

仮面をつけたオグデン（『ピクチャー・ポスト』一九四三年十月二十三日）

しまおうとした「ベーシック・イングリッシュ運動」の果敢な指導者であったということも、エスペラント運動ほどの一般性をもっていない。かえって、もう少し特殊な仕事であった、ハンス・ファイヒンガーの『かのようにの哲学』(*Philosophy des ALS-OB*)の翻訳者であり、その翻訳の仕事のうちには、ヴィトゲンシュタインの『論理哲学論考』の最初の英訳者という名誉をふくみ(といってもこの英訳はヴィトゲンシュタインの忌避にあって、その名誉も中途半端なものとなってしまったが、オグデンへ宛てて書かれた手紙は本に纏められている)、さらに、ベンサムの『フィクションの理論』と『立法の理論』の編者として、ベンサム草稿紹介の仕事を、チャールズ・エベレットにつづいて行なったということの方がむしろ注目に値するものかもしれない。これらの翻訳と編著もやはりライブラリーのなかに加えられて刊行された。しかし、これら翻訳の仕事も長く絶版になっているものもあって、今日では手に取ることもむずかしい。

そのオグデンが書斎で仮面をつけて立っている姿はいったい何を意味しているのであろうか。この写真が撮られた契機は、一九四三年の九月六日に、首相チャーチルがハーヴァード大学で演説して、そのなかで、「ベーシック・イングリッシュ」をインターナショナル・ランゲージとして使うための研究プロジェクトを内閣のうちに設けたと言ったことにあった。チャーチルは、ハーヴァード大学こそそうした研究に最適の所であると、そこで言っている。その演説を受けて、新聞記者がオグデンの家を訪問した。その時オグデンは仮面をつけた姿で突然記者の前に姿を現わしたのである。オグデンの協力者であったリチャーズは、この登場の仕方はいささか政府の信頼を得るには突飛すぎたと言っている。

チャーチルの演説は、理想主義のレトリックによって貫かれたものであった。オグデンの編著になる『ベーシック・イングリッシュ、インターナショナル・セカンド・ランゲージ』には、このチャーチルの演説とルーズベルトの手紙が引用されている。ハーヴァードでの演説で、チャーチルは、「共に進もう。共にボストン・ティー・パーティーをやろうではないか」と呼びかけて、「将来の王国は精神の王国である」とさえ語っている。その王国の言語は「ベーシック・イングリッシュ」である。ルーズベルトも手紙のなかで、「例えば、あなたとモロトフとイーデンがベーシック・イングリッシュを操ることができたならば、そして、もし、スターリンと蔣介石と私がベーシック・イングリッシュを話せたならば、われわれの会議はいちいち通訳を介してやるよりも、はるかにスムーズに進み、退屈しないですむことであろう」と述べている。モロトフとイーデンは当時のソ連とイギリスの外相である。

第二次世界大戦後のヤルタ体制は、もう一方で「ベーシック・イングリッシュ体制」として出発しようとしていたのである。そこではフランス語を外交用語とする伝統的外交術の転換が画策されていた。ルーズベルトははっきりとそのことを手紙で語っている。英米という英語国民による外交戦術と理想主義のレトリックが結びついて、オグデン教授はいちやく世界の寵児となるはずであった。

しかし、そこに登場したオグデンの姿は、仮面をつけた怪人の姿である。手に持った煙草は、一時オグデンが愛用していた、模造の煙草であったのかもしれない。オグデンは本当の煙草ではなく、そう見せかけてつくられた模造のものをいつも手にしていた。煙草を吸う男友達の間でそうしていれば自分も仲間になっているように思えたからである。しかしいかに奇妙に見えようと、仮面をつけて突然の室内劇を上演してみせた背景には、はっきりとしたオグデンの言語理論があったのである。つまり、顔を覆ってしまうことで示される言葉の世界である。

声の表象

一九七七年にエリク・ペンバートン出版から刊行された『オグデンについての回想集』のなかで、サージェント・フローレンスは、その理由をオグデンの言葉で、こう伝えてくれている。

仮面をかぶることで、私は私という人格によってではなく、観念〈idea〉によって語ることができる。私があなたに仮面をかぶせる。そうするとあなたが言いたいこととあなたがいだいている観念だけに耳を傾ければいいことになる。

顔と人格を排除したコミュニケーションは、もはや日常の枠をこえてしまっている。それは、コミュニケーションということもできないものである。「誰」が語っているのかが中心ではなく、「何」を語っているのかだけが問われているからである。それをフローレンスは「観念」と言ったわけである。「想念」と言ってもいいけれど。そこでは、「声」ですら、人格と顔を想像できるものであってはならないはずである。ここでそのことが問題となっているわけではないが、「声」の特徴すら否定されてしまうのであるならば、その理想は、人工の「声」である。合成された無性格な「声」である。

「鼠」についても、「美」についても、同じ八五〇字のベーシック・イングリッシュによって語ることができると考えていたオグデンにとって、「美」のための特別な言葉はなかった。「美」について語る言葉と、「鼠」について語る言葉は同じであるのだ。言葉が問題であるのではなく、そこでの「観念」が、「想念」が問題となる。しかも、それは、無性格な「声」によって、いかなる権威の背景もなしに語られなければならないのである。

それでも、オグデンには「声」への関心があった。オグデンは本も集めたが、仮面やオルゴール、そして、蓄音機も集めた。もちろん「音」や「声」を聞くためである（蒐集癖についていえば、オグデンはウォルポールの伝統を引き継いでいる。ただし、オグデンには絵画蒐集の趣味はなかった。貴族の息子ウォルポールと二十世紀最高の編集者との違いがそこにある。いや、十八世紀と二十世紀の違いである。十八世紀はまだイタリア・ルネッサンスを自分の部屋のなかに引きいれることが可能な時代であったのだ。それだけ歴史の密度が濃い。二十世紀にとってそうした歴史の密度は失われて、絵画は美術館が集めるものとなった。かわって、個人は蓄音機やレコードを集めることになる。しかし、いずれにしても、独身者オグデンは、本、絵画、レコード、蓄音機、オルゴールを集める。記憶の装置へのフェティシズム。それが「家族」にかわって、増殖をつづける生命となり、人生の確かな触感となるのだ）。

顔と人格を喪失して、なおかつ言葉が意味をもつとするならば、その言葉とは、理解されてその役割を終える記号である。言葉は道具である。詩への敵対者がここにもいる。ベンサムがそうであった。ロックもそうである。

そうであるとするならば、いったいレコードから、蓄音機から聞こえてくる音と言葉、音楽はなんであるのか。それこそ、確かに、人格の関与なしに聞こえてくるものである。身振りもなく、顔もない。反復して聞くことができ、記憶の誤りもない。感情の距離があり、直接に接触しないです む。心理のあやによって言葉が屈折することがない。複製芸術の部屋にオグデンは坐っている。ウォークマン世界の独身者である。

ここでは、「声」すらも「肉声」という心理の奥行きをもつことなく、声は意味の表層を滑空している。ただ「何」を指し、「何」を語るのかが問題であるからだ。「声」による論理主義である。熱のない言葉。オグデンの理想はそこにあった。だから、単純にいってしまえば、オグデンの世界は、現在のコミュニケーション・ネットワークの独身者的世界を先取りしたものであったのだ。スマホ、パソコン・ネットワークによる独身者たちの共同体がそこに見えている。

顔と人格を喪失してしまった世界。声の表象へと言語を抽象化してしまった世界。オグデンが理想とした言語の世界である。それこそが魔術的言語の世界から、共通のコミュニケーションの世界へと言葉を解放していこうとする、オグデンのユートピアにおける演技術であった。

オグデンとリチャーズ共著の『意味の意味』が現代言語理論の古典となりえたのは、そのアイディアの明解さと単純さによるものであった。彼らは言葉が神秘的な意味を持つことを否定する。

全ての言葉は、その言葉が何を指示しているかという次元で問われる。使われている場面で言葉を見る。その試みは、極めて、言葉の透明度を高める。言葉を使ってなにをしようとしているのかをはっきりとさせることで、言葉は言葉として単独であるのではなく、用法と文脈のうちに組み込まれているものとなる。言葉が単独でそのものとして在ることをこえてしまえば、文脈の網状組織がそこにはできあがる。言葉の意味はこの記号の状況での言葉の使用法をあきらかにすることでさだまっていく。けっして言葉と事物はこの使用法をこえて対応しているのではない。言葉は世俗化される。ましてや、言葉は論理となって、宇宙を構成しているものではない。それは、神秘主義以外のなにものでもない。ヴィトゲンシュタインが『意味の意味』を贈られて、「私はやっと御本を読みあげました。率直に本当のことをいえば、あなたは私が（それが正しい解決になっているかいないかはともかくとして）直面していた問題を全く把握していなかったことを私は確信しました」と言ったのは当然のことである。リチャーズにいわせれば、言葉を宇宙の星座表のように考えるヴィトゲンシュタインの『論理哲学論考』を英訳することは、完全に彼らの共通の思想とは外れることであった。そのことは十分に自覚していた。ただし、オグデンの編集者としての嗅覚の方がこの場合は優先してしまったのである。そして、その嗅覚はまことに正しかった。ヴィトゲンシュタインの手厳しい手紙も、オグデンにはけっしてそれほどに痛いものではなかったにちがいない。その証拠には、『意味の意味』の後の版では、ちゃんとヴィトゲンシュタイン批判の章を設けているからである。オグデンも黙ってはいなかったのだ。むしろ原著者が訳者に思想への忠節を期待することを、オグデンはどう受け止めていたのであろうか。

おそらくオグデンにとって翻訳の仕事は言葉の神秘主義をとりはらうものであったのだ。ドイツ語であれいかなる言葉であれ、他の言葉に翻訳することができる。言葉の使用法は、個々の言葉の固有性をこわしてしまうのだ。

オグデンもリチャーズも、ヴィトゲンシュタインの『論理哲学論考』には全く反対の見解であった。それは後にそうなったのではない。当時、既に完成間近であった『意味の意味』を貫いている反論理主義の主張からいって、ヴィトゲンシュタインの『論理哲学論考』に書かれていることには、何一つとして賛成できなかったはずである。オグデンは『意味の意味』の追補で、その最大の理由として、事象の構造と命題の構造とが写像の関係になって一致することなどありえない、と書いている。それはまさに経済学者のピエロ・スラッファがヴィトゲンシュタインを揶揄したのと同じである。鼻の先で両手の指を組んで、これを君はどうやって命題に記述するのかといっているのと同じである。その身振りをどんなに記述したところで、そこにふくまれているイタリアの文化を記述してはいない。マリノフスキーの文化人類学に大きな関心をもっていたオグデンにとって、言葉は文化のうちに組み込まれている。ただ、かれにとって、言葉が呪文であるような「文化」から離脱して、透明で普遍的なコミュニケーションへと飛躍することが課題であった。

たとえ見解を異にしていたとはいえ、オグデンの編集者としての嗅覚はヴィトゲンシュタインをとらえたのだ。オグデンが最初にこの本のタイトルとして提案していたのは、『論理的哲学』であった。スピノザに由来する『トラクタートゥス／論理哲学論考』というタイトルは、G・E・ムーアのアイディアである。オグデンの提案理由はその方が売れるからというものであった。オグデンがこの本を翻訳したのは、ひとつの実験である。その思想に関与することなく、むしろ全く反対の立場に立ちながら、そのドイツ語を英語の組織に組み換えて、その言葉に英語の表象をあたえる実験である。それは異質な文化の体験である。

ヴィトゲンシュタインはオグデンへの手紙でこう翻訳について書いている。

翻訳はあなたがいうように、多くの点で字義上のことをはるかにこえたものである。私はしばしば全くドイツ語の翻訳とは思えないほどに元々のものを変えてしまった。いくつかはドイツ語のテキストにあったままにしておいたが、オリジナルのものにはない言葉に変えたものもある。そんな例はまだある。しかし、私はいつも言葉ではなく、意味を翻訳しようとしてきた。

ヴィトゲンシュタインによる『オグデンへの書簡集』には、ファクシミリでオグデンの英訳にヴィトゲンシュタインが赤いインクで手をいれているものが収められている。それを見ると、ヴィトゲンシュタインの校正個所をオグデンはほとんど受け入れている。確かに、その時の二人の間は、言葉の意味が共通の理解にいたるために検討されている。ヴィトゲンシュタインの手紙は、あなたはそのドイツ語で何かいいたいのかというオグデンの問いかけへの、言葉の用法についての返事である。オグデンの手紙は残されていないが、オグデンが言葉の字義上の意味を翻訳しても仕方がないと言っていることは、ここでのヴィトゲンシュタインの手紙からはっきりしている。オグデンはヴィトゲンシュタインを言葉の用法の次元へと引っ張りだしていることになる。命題と事象との対応ではなく、その対応をこえてしまった、複雑な事象と意味の了解の次元へと引っ張りだしていることになる。オグデンが何故この『論理哲学論考』を翻訳したかは謎である。確かにその翻訳は、ヴィトゲンシュタインが「翻訳者たち」と複数形で言っているように、天才児ラムゼーの下訳にオグデンとラッセルが関わったことは事実であるだろう。そこには、ケンブリッジを背景にしたオグデンの編集者としての嗅覚がやはり働いていたとしかいいようがない。そうでなければ、ケンブリッジの独身者サークルの盟約のもとにであったのであろうか。

両性具有者の蝙蝠傘

仮面をつけて語ることとは、その会話のなかから、言葉の「音」だけをとりだしてしまうことである。オグデンにとって、言葉は多数の状況を経験するものである。しかし、その記号の状況を解明することは、そのままのものとして言葉を認めることにはつながらない。反対である。そうした状況の下で、言葉が魔術的な力を発揮するのであるならば、その力をいかに抑制して、冷静で誤解のないコミュニケーションを実現するかが問題であった。つまりかれにとって、言語論は病因論である。言葉の病いを癒して、いかに健康になるかを求めている。言葉からデモーニッシュなものを排除してしまうことが求められていたのである。そこでは仮面こそもっともデモーニッシュなものであることは忘れられている。

そこでの言葉の「音」は、言葉の連結から非言語的なものの影響を抽象して、純粋な意味の結合として保証するメディアに他ならない。顔の相貌も身振りも、そもそもの言葉が誰によって言われたのかというもっとも根本的なこともそこからは排除されてしまう。それでも確かにそれは言葉である。それは日常の安定を奪われてしまった言葉である。

しかし、このことはオグデンによってそうは考えられていなかった。オグデンにとって、人間のコミュニケーションが言葉で語りうるものをこえて、言葉以外の影響によってなされることは、結局、関係の自由を損なうことであったのだ。そう言った方がいい。つまり、人間の関係のうちで働いている説得の次元が、オグデンではまったく日常の次元とはかけはなれてしまっている。オグデンにとって問題なのは、言葉の、しかも、声でもない「音」である。意味の核となっている「音」である。「声」はこうした純粋性をもっていない。「声」は

チャールズ・オグデン（ジェイムズ・ウッド『C. K. オグデン』）

人格の関与があるからだ。

だが、これがオグデンの突飛な考えであるといってしまうと、オグデンの位置を見失うことになる。むしろ、オグデンのこうしたレトリックの構成は、十七世紀のイギリス・ロイヤル・ソサエティによって構想された反キケロ的レトリックの伝統に深くつながっているものである。その伝統は十八世紀のアダム・スミスを中心とした明解、簡明を目的としたレトリックへと受け継がれて、そのもっとも過激な実現を目指したのが、ベンサムであり、このオグデンに他ならない。オグデンの奇行を取り上げることは、そもそも、反キケロ的レトリックによって進められてきたイギリスの言語観そのものを問題にしていることになる。

ここであの写真に戻ってみよう。仮面をつけて語ることは確かに言葉と観念や事物との関係を、用法の上での安定した関係に置くことになる。言葉は深層の神秘主義からもその実体化からも逃れて、「音」が描き出す表象の関係となる。イメージの関係となる。いつもいかにして使われているのかを明らかにしながら、言葉そのものがそれを使っている人間の人格の関与からも離れて、言葉の用法だけが問われることになる。そのことを可能としているのは、オグデンが顔につけている、気味の悪い白い仮面である。表情を失った言葉である。人格性なき言語である。

人間を誤りへと導く言葉の多数性を語っている時のオグデンは精彩に富んでいる。しかし、それを癒そうとするオグデンは色彩のない世界を生きている。それは日常のなかの異物である。仮面という零の表情は日常の異物となって、既にそれ自体が濃厚な意味である。透明な言葉によって日常を再構成しようとする独身者の意志の現われである。

確かに人間は言葉の魔術によって虚構を生みだす。そのことを、オグデンはベンサムとファイヒンガーをとおしてはっきりと学んだ。しかし、ファイヒンガーにとって、虚構はけっして否定すべきものではなかった。数学上の「無限小」の問題から始まって、法や国家の問題にいたるまで、ファイヒンガーは虚構こそ、人間が世界について理解するための主要な方法であると考えたのである。そこでは、世界についての理解も制度も人間の構想力によってつくりだされるものとなる。なんらかの根拠があるかのように虚構することによって、世界はその基盤をもつことができる。それが人間の文化であり、この虚構への意志によって世界は支えられていることになる。経験のうちに人間の基盤を求めれば求めるほど、虚構による以外には、人間は現実を支えていくことはできない。それが虚焦点としての神を置いてこの世界を構成しようとする時代の倫理となる。虚構という不安に耐えることが、人間を絶対性のもとでの隷従から解放する。意志によって選択された社会の構成へとむかわせるのである。そう、ファイヒンガーは考えた。その思想が十九世紀末のドイツの流行思想となり、その影響を受けた森鷗外をして、『かのように』を書かせ、日本という思想風土のなかにいかにこの倫理性が欠落しているかを慨嘆せしめたのであった。

オグデンはこの本も翻訳した。その嗅覚は何とも素晴らしい。ファイヒンガーのこの『かのように の哲学』にこそ、現在までつながる倫理の問題が書き込まれている。しかし、ここでも、かれの翻訳はけっしてその思想の肯定へとつながるのではない。反対である。オグデンはこの意志によって構成された世界の在り方だけは学ぶと、だから、それは虚構でしかないというのだ。虚構は言葉の魔術である。ありもしないものの上に立つことはできない。そう言うのだ。

その時に、オグデンは論理でもなく、虚構でもなく、魔術的なものを排除した日常のなかに生きようとする。その日常の中心には、仮面をかぶった「私」が立っている。その「私」は「私」という人格ではなく、会話の主体としての普遍的「私」である。オグデンには、ヒュームのような感覚の流体となった明るい「私」もなく、ホックニーのように漂泊者としての自由な「私」もない。しかし彼は、自分の姿を仮面の下に隠し、人格を隠すことで自由を獲得しようとしたのだ。

ところで、チャールズ・オグデンには、もうひとつの名前があった。エイドリアン・モア。女性名のペンネームである。それはオグデンにとって、仮面としての名前であったのだろうか。あるいは、仮面の下の人格であったのだろうか。このエイドリアン・モアについて、オグデンはまるで実在の人物のように詳細に語った、とバートランド・ラッセルの妻ドナは回想している。チャールズ・オグデンそしてエイドリアン・モア、この両性具有の仮面の男が、あの写真のなかの人間であったのだ。

仮面をかぶった集団の声が聞こえる。「音」という言葉の表象が響くなかに、無数の人間たちが仮面をつけて蝙蝠傘を手に立っているのだ。それはあまりにも日常の風景とはかけはなれた映像である。だが、それは十七世紀のイギリス・ロイヤル・ソサエティの設立以来、イギリスの独身者たちが作り上げてきた純粋に経験的なものとアンチ・ロマンの日常理論が到達した結論でもある。オグデンの協力者リチャーズの肖像画には、電気スタンドの飾りに能の女面がついている。もしそれがオグデンの仮面蒐集癖の結果であるとするならば、そこにはかなりの皮肉がある。能の面こそ人間がいくつもの虚構を重ねて生きるための手法であったからである。そこには、普遍者としての「私」ではなく、いくつもの身体の可能性というエロスの中心があるのだ。

オグデンの存在はもはやイギリスにおいても関心の外にある。ロンドン大学にあるオグデン・ライブラリーは極めて惨めな管理のなかで崩壊の瀬戸際にある。オグデンが収集した書籍のカタログすらなく、ロンドン大学のメイン・ライブラリーのインデックスのうちに埋もれてしまっている。オグデン・ライブラリーの書庫には、オグデン没後の本すら紛れ込んでいる始末である。わずかに、オグデンが蒐集した手稿だけが、きちっと管理されているだけである。ライブラリアンが私に言った言葉は生涯忘れない。人が買い集めた本など調べて何の意味があるのだ。これがワールブルク研究所をもつ大学のライブラリアンのセリフである。

たとえそうであっても、C・K・オグデンが二十世紀最高の編集者であったことにかわりはない。それば表象の背後に仮面をつけて立つ人間の最高の趣味の領域でもあったのだ。人間を心理の陥穽と言葉の魔術から救済して、歴史のタブラ・ラサに立たせようとした人間の書庫がそこにはある。ジャン・ピアジェを発見したのもオグデンであるならば、マリノフスキーを高く評価したのもオグデンである。H・G・ウェルズとの協力のもとにベーシック・イングリッシュ運動を進めようとしたのもオグデンである。児童の心理も未開の心性も、未来の社会も、オグデンにとって、今ここから始めようという、呼び声であったのだ。その荒涼とした日常の風景の不安を支えているのは、コミュニケーションへの信仰である。意味への信仰である。眼と声の人格的関与こそが人間の表現に真実をこめることができるという常識への否定である。非言語的世界の否定である。だから、本当は、ひとまわりして、オグデンはヴィトゲンシュタインの論理主義のもとに立っているのだ。オグデンが『論理哲学論考』を批判したいのであるならば、ただその仮面をとってみればよかったのである。

あくまでも日常のなかに立とうとした反崇高の言語理論は、こうして、ここから全てを始めようとする、際限のない地平を前にして、日常をこえたものへとむかっている。そこでは無数の仮面をつけたメディアの独身者たちの蝙蝠傘がいっせいにひらかれるのだ。

あとがき

この本は、一九九三年に刊行した『独身者の思想史――イギリスを読む』（岩波書店）をもとにして、その後に書いたものを加えて作られた。一九九三年には、もう一冊の『ベンサムという男――法と欲望のかたち』（青土社）を刊行している。二冊同時に出版したことになる。『ベンサムという男』は講談社学術文庫で『怪物ベンサム――快楽主義者の予言した社会』として文庫化したが、『独身者の思想史』は文庫化できていなかった。今回、機会をいただけたのは、ありがたかった。

私は、イギリス思想史研究者としては、ちょっとまっとうではない。イギリス思想史研究の系統に属していない。指導教授はフランス哲学者、中村雄二郎であったので、イギリス思想史ではない。本来ならば、フランス思想史をやるべきであったが、ベンサムを研究対象に選んだので、指導教授の方向とは異なる。中村雄二郎は、実に寛容な指導教授であった。そもそも、私が所属していたのは、法学部の法哲学講座であったから、そのへんは、ゆるやかで、なにをしてもいい。中村自身が、大学院ではヘーゲルの法哲学をゼミのテキストに選んだほどだから、大学院でフランス思想を指導するという考えがなかった。

そうした意味では、イギリス思想史の指導は受けていない。当然のように、学会にも所属していなかった。イギリス哲学会もあるのだろうが、所属したこともなく学会発表も当然にない。人脈もなかった。イギリス思想史に関係があったのは、私的人脈だけである。それも、文学であって、哲学ではない。英文学のすごすぎる秀才である友人富山太佳夫が、私のベンサム研究をかれらしい言い方でほめてくれた。どう考えても面白くないベンサムを面白くしたというほめ方だった。由良君美という、天を飛ぶような英文学者もほめてくれた。ただ、その場所が、杉原四郎、山下重一、由良君美といったイギリス思想史の重鎮が顔をつらねる「ミルの会」という場所だった。私は、イギリス留学から帰ってから、その会での報告を由良さんから求められた。その報告の場所で、由良さんが私を絶賛したのが、まずかった。その場所には、重鎮とともに、その後、ベンサムやミル研究の中心になる永井義雄氏をはじめとする中堅の正統派の研究者がいた。かれらにとって、私のような傍流の非正統な研究者が評価されるのは面白くなかった。実際に、その席で、由良さんは、出席している中堅若手の研究者を、私もびっくりするほどの勢いで叱責した。これはまずいと思ったが、その後、私は卑劣な仕返しを受けることになった。しかも、岩波書店の哲学講座や中央公論新社の「哲学の歴史」講座でも、私はベンサムやロックについて書いた。そんなふうだから、イギリス思想史学会関係者がどう思ってきたかは想像がつく。既存のイギリス思想史研究とはまったく縁ももつことなく、今日までイギリス思想史について書いてきた。おそらく、そのことが、私の思想史逍遙を自由なものにしてくれた。同性愛をテーマとすることへの、ベンサム研究者からのあからさまな侮辱といやがらせも無視して、自由な研究をすすめることができた。

私自身の研究生活は、この二十年ほどは、停滞していた。出版する本も、能楽関係の本が主体であった。大学の行政にかかわることも多く、想定外の学長までやって、研究とはほど遠いものになっていた。しかし、今回、長年親交がある渦岡謙一さんからお話をいただいて、私の最初の本（『社会のレトリック――法のドラマトゥルギー』）を出した新曜社から、この本を出すことができた。渦岡さんとは、彼が紀伊國屋書店の編集部にいるころからのつきあいだから、四十年近いつきあいになる。この本を再編集するプロセスのなかで、今後の残された研究者としての生活への弾みをいただくことができた。感謝申し上げて、この機会をさらにイギリス思想史逍遙の道へとつないでいきたい。

土屋恵一郎

二〇二一年十月

な　行

は　行

さ　行

た　行

索引

初出一覧

本書は、岩波書店より一九九三年に刊行された『独身者の思想史――イギリスを読む』を元にしている。

さらに、それに加えて以下を増補する。

「第5章　ベンサム・ロマン主義・ミル」

は「ベンサムとウィリアム・ハズリット」（伊藤邦武編『哲学の歴史8　社会の哲学』中央公論新社、二〇〇七年）を改題して収録。

「第6章　ベンサムの同性愛論への注釈――ホックニーとベンサム」中の

「ベンサムのスケープゴート論――十九世紀の同性愛」

「スケープゴート論とベンサムの同性愛擁護論」

「ヴァルネラビリティをめぐるベンサムとJ・S・ミル」

は「二〇一四年のジェレミー・ベンサム――Vulnerabilityと法」（『法律論叢』第八七巻四・五合併号、明治大学法律研究所、二〇一五年）を分割・改題して収録。

いずれも適宜修正している。

著者紹介

土屋恵一郎（つちや　けいいちろう）

1946年生まれ。明治大学法学部卒業、同大学院法学研究科博士課程単位取得退学。明治大学法学部教授、明治大学学長を経て、現在、同大学名誉教授、千葉工業大学特別教授。専門は法哲学。法学者、演劇評論家。

著書:『社会のレトリック——法のドラマトゥルギー』（新曜社）、『能現在の芸術のために』新曜社、のち岩波現代文庫、改題して『能、世阿弥の現在』角川ソフィア文庫）、『元禄俳優伝』『正義論/自由論——寛容の時代へ』（ともに岩波現代文庫）、『独身者の思想史——イギリスを読む』（岩波書店）、『ダンスの誘惑』（青土社）、『ベンサムという男——法と欲望のかたち』（青土社、のち改題して『怪物ベンサム——快楽主義者の予言した社会』講談社学術文庫）など多数。

新曜社

独身者の思想史　増補版

ロック・ヒューム・ベンサム

初版第1刷発行　2022年2月8日

著　者　土屋恵一郎

発行者　塩浦　暲

発行所　株式会社　新曜社

〒101-0051　東京都千代田区神田神保町3-9

電話（03）3264-4973㈹・Fax（03）3239-2958

E-mail：info@shin-yo-sha.co.jp

URL：https://www.shin-yo-sha.co.jp/

印　刷　メデューム

製　本　積信堂

ISBN978-4-7885-1753-0　C1010